SUTTON
VERLAG

*Von ihrer schönsten Seite zeigt sich die Goldene Aue im Frühling. Blick von der Heide auf Bennungen.*

HeimatARCHIV

Heinz Noack

# GESCHICHTEN AUS DER GOLDENEN AUE

SUTTON VERLAG

*Die Goldene Aue – darunter versteht man heute die Landschaft zwischen Nordhausen und Sangerhausen. Im Norden wird sie von den Südharzbergen und im Süden von der Windleite und dem Kyffhäusergebirge begrenzt. Mittendurch fließt, von West nach Ost, die Helme. Auf dem Bild geht der Blick über Dittichenrode, Roßla, Thürungen und Berga nach Kelbra und zum Stausee.*

**Impressum**

Sutton Verlag GmbH
Hochheimer Straße 59
99094 Erfurt
www.suttonverlag.de



Gestaltung und Herstellung: Markus Drapatz

Druck: Books on Demand GmbH, Norderstedt, Deutschland

ISBN 978-3-86680-428-9

# Inhaltsverzeichnis

# Danksagung und Bildnachweis

Ganz herzlich möchte ich mich bei allen Personen bedanken, die mir für diese Veröffentlichung Material zur Verfügung gestellt haben.

Ein besonderer Dank geht an die Mitarbeiter des Spengler-Museums Sangerhausen, des Stadtarchivs Sangerhausen und der Jacobigemeinde für die Überlassung von historischem Bild- und Textmaterial.

Ein herzliches Dankeschön spreche ich Frau Christiane Funkel aus Stolberg und meiner Familie Steffi und Sophie Rohland für die tatkräftige Unterstützung aus.

Familie Getschmann, Tilleda: 45, 55 (oben); Erich Hesse, Kelbra: 43; Sammlung Rohland: 48, 59 (oben), 83, 84, 116, 117, 118, 119, 125; Sammlung Ziegler: 19, 20; Steffi Rohland, Bennungen: 2, 10, 29, 32, 33, 41 (unten), 113, 114, 124; Heinz Noack, Bennungen: 4, 7, 14, 15, 21, 22, 23, 26, 27, 28, 35, 38, 40, 47, 49, 51 (unten), 52, 53, 55 (unten), 56, 59 (unten), 60, 63, 64, 67 (unten), 69, 70, 73, 75 (unten), 76, 77, 78, 79, 80 (oben), 82, 86, 87, 88, 90, 91, 92, 94, (oben), 98, 99, 100, 101, 103, 104, 105, 106, 107, 112; Sammlung Waschau (Foto Zeckert), Roßla: 51 (oben); Manfred Schröter, Berga: 24, 25; Fritz Heverhagen, Berga: 17; Hans Hach, Roßla: 72; Spengler-Museum Sangerhausen: 125, 126; Kirchengemeinde Jacobi Sangerhausen: 120; Kirchengemeinde Bennungen: 62; Kirchengemeinde Wallhausen: 86 (unten); Kirchengemeinde Dittichenrode: 54, 75 (oben); Stadtarchiv Sangerhausen: 115; Privat Bennungen: 65, 67 (oben); Privat Hohlstedt: 80, 81; Privat Thürungen: 18; Privat Roßla: 8, 46; Privat Wallhausen: 96, 97.

*Der spätmittelalterliche Schieferhof in Wallhausen gehört zu den schönsten und ältesten Fachwerkhäusern in der Region. Über viele Generationen erhielten seine Besitzer ihn vorbildlich.*

# Grußwort

*Es muss gewusst werden, was Heimat und Landschaft sind,*
*was Menschenschlag und Sonderheit.*

KURT GEORG KIESINGER

Die Goldene Aue ist einer der reizvollsten und geschichtsträchtigsten Landstriche in Mitteldeutschland. Die fruchtbaren Böden des durch die Flamen trockengelegten Helmerieds gaben unserer Landschaft an dem Flüsschen Helme zwischen Kyffhäuser und Harz den Namen. Im Mittelalter bildeten drei bedeutende Königspfalzen in unserer Region das Kerngebiet des damaligen Deutschen Reiches, und der in Stein gemeißelte Kaiser Friedrich Barbarossa blickt seit über hundert Jahren in das Tal der Goldenen Aue hinab. Heinz Noack beschreibt in seinem Buch anhand vieler Beispiele und Anekdoten, wie die Menschen in den vergangenen Jahrhunderten in dieser Region lebten und sie geprägt haben. Das Buch gibt einen Überblick über unseren Menschenschlag und seine Besonderheiten. Als gebürtige Thüringerin lebe ich seit fast vierzig Jahren hier und liebe die Goldene Aue und ihre Menschen. Freuen Sie sich auf ein Buch, das die Erinnerungen wachhält und neugierig auf unsere Goldene Aue macht.

Ihre Uda Heller
Abgeordnete des Deutschen Bundestages

Uda Heller

# Einleitung

Auf Schritt und Tritt präsentiert die Goldene Aue dem Einheimischen wie dem Ortsfremden ihre reiche Geschichte. So haben Archäologen nachgewiesen, dass der Mensch hier seit rund 7.000 Jahren siedelt. Fruchtbare Böden, Wald- und Wassernähe und sicher auch die geschützte Lage im breiten Tal zwischen den Südharzbergen und dem Kyffhäusergebirge boten den ersten Siedlern gute Lebensbedingungen. Dem Auf und Ab der großen Siedlungsgeschichte im Mitteldeutschen Raum folgend, findet man hier Hinterlassenschaften aus fast allen Kulturepochen. Die Hochzeit der Region begann im Mittelalter mit der Anlage der Pfalzen in Nordhausen, Tilleda, Wallhausen und Allstedt. Gekrönte Häupter wie Heinrich I., Otto I. oder Friedrich I. (Barbarossa) weilten in der Goldenen Aue.

Flämischen Kolonisten ist es zu verdanken, dass das Helmeried vor rund 900 Jahren in fruchtbares Ackerland verwandelt wurde. Diese Einwanderer haben neue Siedlungen gegründet und ihr eigenes Brauchtum, wie bspw. den bis in das 19. Jahrhundert erhaltenen flämischen Kirchgang, gepflegt.

In den folgenden Jahrhunderten verlor die Goldene Aue ihre Bedeutung als politischer Mittelpunkt des Deutschen Reiches. Doch „normale“ Ereignisse, wie Kriege und Unwetter, so der Dreißigjährige Krieg und die regelmäßigen Hochwasser der Helme, hinterließen ihre Spuren. Viele Siedlungen gingen ein, wurden zu Wüstungen. Häufige territoriale Änderungen ließen immer neue Grenzen mitten in der Landschaft entstehen. So verlief einst am Nordrand der Goldenen Aue die Grenze zwischen Chursachsen und Churhannover. Im südlichen Teil befindet sich der Grenzzug zwischen dem Königreich Preußen und dem Fürstentum Schwarzburg-Rudolstadt. Auch heute ist die Goldene Aue durch eine Ländergrenze geteilt, ein Viertel gehört zum Freistaat Thüringen und drei Viertel sind dem Land Sachsen-Anhalt zugeschlagen.

Erfahrungsgemäß bedarf es eines gewissen Alters, bevor man der Heimatgeschichte ein größeres Interesse entgegenbringt. So ist man als Referent bei den Veranstaltungen der Senioren ein gern gesehener Gast. Überhaupt war es vor 40 oder 50 Jahren fast eine Selbstverständlichkeit, dass zu Hause in der Familie viel mehr „von früher“ erzählt wurde. Wenn es dann hieß: „Erzähl doch mal, wie das damals war“, wurden auch alte Fotografien herausgesucht. In vielen Familien gab es noch Heimatkalender oder Familienchroniken, die der Groß- oder Urgroßvater Ende des 19. oder zu Beginn des 20. Jahrhunderts angelegt hatte. Ursprünglich gab es auch in jeder Kommune eine Gemeinde-, Schul- und Pfarrchronik. Je nachdem, wie fleißig der Schreiber war, wissen wir heute mehr oder weniger, was alles im Ort passierte. Viele Chroniken sind verschollen. Viele Gemeindearchive sind „leerreich“. Wer heute tiefer in die Geschichte eindringen will, muss schon die Landesarchive nutzen.

Die Erforschung der Heimatgeschichte der Goldenen Aue verbindet sich mit zahlreichen Personen. Neben den vielen unbekannten stehen noch heute klangvolle Namen, wie die der Sangerhäuser Lehrer und Chronisten Friedrich Schmidt (1862–1933) und Clemens Menzel (1835–1890). Im vorliegenden Buch wollen wir diese und andere Forscher wie den Wallhäuser Pfarrer und Hobbyhistoriker Max Trippenbach (1862–1941) mit dem Spaten, Walter Hertzer (1917–1942) in Brücken oder Professor Paul Grimm (1907–1993) in Wallhausen bei ihrer Spurensuche in den Archiven begleiten. Ihre Werke verdienen noch heute Hochachtung, lassen uns die Kulturlandschaft mit anderen Augen sehen und animieren im besten Falle immer wieder Menschen, sich selbst mit der Heimatgeschichte zu befassen. Zu den Personen, die die Heimatforschung als ausfüllendes Hobby gewählt haben, gehören derzeit unter anderem Manfred Schröter (Berga), Fritz Rößler (Kelbra) und Steffen Döhring (Sangerhausen).

Jubiläen wie das im Jahr 2008 mit Festwoche und historischem Festumzug begangene 1100. Ortsjubiläum von Wallhausen zeigen die Freude der Menschen an der Darstellung ihrer Heimatgeschichte. Diese Darstellungsfreude soll und muss sich auf den Alltag übertragen, sieht man die Gefahren, denen die Kulturlandschaft heutzutage ausgesetzt ist. Jüngstes Beispiel sind der Diebstahl des Steinkreuzes (Schwedenkreuz) bei Hohlstedt und der Grenzsteine Nummer 240 und 241 der Grenze Chursachsen/Churhannover von 1735. Neben diesen sichtbaren materiellen Verlusten, gibt es auch den Wissensverlust um die Vergangenheit der Heimatregion.

Diese „Geschichten aus der Geschichte der Goldenen Aue" wollen dem entgegenwirken. Sie sind ein Anfang, manches Bekannte wieder aufzufrischen und manches, was Jahrhunderte in privaten oder öffentlichen Archiven schlummerte an die Öffentlichkeit zu bringen. Damit soll bei Einwohnern und Besuchern das Interesse an der Region geweckt werden.

Heinz Noack
März 2009

*Das einstige Schloss der Fürsten zu Stolberg-Roßla in der Gemeinde Roßla liegt im Zentrum der Goldenen Aue. Anstelle einer mittelalterlichen Wasserburg wurde im 19. Jahrhundert ein repräsentativer Gebäudekomplex im klassizistischen Baustil errichtet.*

# I. Berga

## Neue Dörfer entstehen – Die Flamen in der Goldenen Aue

Gegen Ende des 11. Jahrhunderts gelangten Teile des Helmerieds an das Erzbistum Mainz und an das Kloster Fulda. Mainz avancierte für die kommenden Jahrhunderte zum Besitzer des östlichen Teiles der sumpfigen Niederung im Raum Görsbach, Auleben und Kelbra. Fulda erhielt den südwestlichen Teil bei Heringen.

Im Jahre 1144 erwarb das Kloster Walkenried unter Abt Heinrich das Gebiet bei Görsbach vom Grafen Christian I. von Rothenburg. Jener hatte es als Lehen des Erzbischofs von Mainz erhalten. Das Kloster Walkenried gehörte dem Zisterzienserorden an und war dessen dritte Gründung im Jahr 1129 in Deutschland. Die Zisterzienser strebten eine Erneuerung der benediktinischen Ordensregel in alter Reinheit und Strenge an. Dem äußerst einfachen Leben der Ordensmitglieder standen die hohen wirtschaftlichen Erfolge gegenüber. Zum einen beruhten sie auf Schenkungen und Privilegien, andererseits überwogen die Gewinne aus der Eigenwirtschaft in den Besitzungen. Die Grundlage dafür waren eine straffe zentralistische Organisation und der Einsatz von Laienbrüdern, sogenannten Conversen, als Arbeitskräfte. Sie brachten die für die Aufgabenbewältigung notwendigen Kenntnisse und Fertigkeiten mit. Vielerorts wurden in bisher landwirtschaftlich ungenutzten Territorien Wirtschaftshöfe, die Grangien, angelegt. Auch entstand eine Reihe von Siedlungen, die man mit Kolonisten besetzte. Unter der Leitung des Bruders Jordan begannen die Zisterziensermönche mit der Trockenlegung der sumpfigen Niederungen im Helmetal. Sie führten den Weinanbau ein, legten Obst- und Gemüsegärten an und lehrten das Veredeln von Wildobst. Die Apfelsorte Borsdorfer Apfel geht auf sie zurück und ist so mit rund 800 Jahren eine der ältesten Kultursorten in unserer Heimat.

Später meliorierten die von den Mönchen angesiedelten Flamen auch den östlichen Teil im Gebiet zwischen Görsbach, Auleben und Kelbra. Das Mutterkloster von Walkenried war die am Niederrhein liegende Abtei Kamp. Sicher war auch das ein Grund für den Zuzug der Flamen. Sie waren freie Menschen, brachten außer ihren Erfahrungen Geld, Vieh und Nutzpflanzen mit in die neue Heimat. Sie zogen Entwässerungsgräben, häuften Dämme auf und wandelten so das Sumpfgebiet in fruchtbaren Ackerboden um. Auch der Flachsanbau und die damit begründete Leineweberei wird ihnen zugeschrieben. Die heute wüsten Siedlungen Vorrieth und Langenrieth, Ellre, Horne und der spätere Wirtschaftshof Numburg wurden von ihnen gegründet. Die Urbarmachung des Rieds zwischen Heringen und Kelbra war etwa bis zum Jahre 1180 abgeschlossen.

Die Flamen teilten die Feldflur nach der Anzahl der Gehöfte in gleiche Hufen auf. Nur der Schultheiß hatte zusätzlich die Schultheißenhufe in Bewirtschaftung. Sie unterstanden keinem Gutsherren und somit auch keiner Patrimonalgerichtsbarkeit. Für sie galt das flämische Recht. Im Wesentlichen waren sie abgabenfrei und entrichteten nur den Zehnt von den Ländereien und von ihrem Vieh an die Lehnsherren – das waren die Grafen von Rothenburg beziehungsweise Hohnstein. Zusätzlich leisteten sie noch eine jährliche Geldabgabe von vier Schillingen für ihre Hufe Land.

Auf dem Kirchhof zu Langenrieth wurde das Flämische Gericht gehalten. Die Gerichtshegung besorgten die flämischen Schulzen, die sich nach dem jeweiligen Ort nannten. So gab es einen Vorrieth-Schultheiß, einen Langenrieth-Schultheiß, einen Schultheiß von Ellre, Horne und vom südlichen Teil des Dorfes Görsbach. Der Amtsschultheiß trug den Titel Oberfläminger.

Im flämischen Recht gab es den flämischen Kirchgang, der im Wesentlichen darin bestand, dass der Besitzer flämischer Grundstücke, wenn er geheiratet hatte, mit seiner Ehefrau einen besonderen Kirchgang halten musste. Erfüllte er diese Pflicht nicht, verfiel der dritte Teil seiner Grundstücke nach seinem Tode an die Herrschaft. Der Kirchgang hatte eine festgeschriebene Form und es wurde darüber ein Kirchgangsbrief ausgestellt. Offenbar bewirkte diese Handlung auch die formelle Aufnahme der angeheirateten Frau in die freie Rechtsgenossenschaft der Fläminger. Sie wurde so als flämische Braut anerkannt – als Zeichen der Aufnahme bekam sie auf einem Stück des Brautkuchens einen Dreier aus der Gemeindekasse überreicht. Sie war damit in das eheliche Güter- und Erbrecht der flämischen Ehefrau eingetreten, das ihr nicht wieder genommen werden konnte. Beim Tode eines Ehegatten bekam der Überlebende die eine Hälfte und die Kinder bzw. die nächsten Anverwandten die andere Hälfte der Güter.

An einem flämischen Kirchgang nahmen nur die Schulzen und Vorsteher teil. Der Gemeindevorstand konnte, falls etwas einzuwenden war, die Ausrichtung des Kirchganges versagen. Unmittelbar an diesen schloss sich eine vorgeschriebene Bewirtung aller Teilnehmer an. Dazu erschien man, wie auch schon in der Kirche, in schwarzen Mänteln. Die Kosten der Mahlzeit betrugen zu Anfang des 18. Jahrhunderts für einen einfachen Kirchgang ungefähr zwölf Gulden, für einen doppelten 24 bis 28 Gulden. Das war sehr teuer. Oft wurde aus diesen Kostengründen der Kirchgang bewusst unterlassen. Mit Königlich Preußischem Gesetz vom 2. März 1850 wurde diese Pflicht ohne Entschädigung aufgehoben.

Nach der Aufgabe der flämischen Siedlungen Vorrieth und Langenrieth im späten Mittelalter siedelte ein Teil der Bewohner nach Berga über und baute westlich der Thyra die noch heute als Flamenzeile bekannte kleine Siedlung, die Lindenstraße, auf. Die alten Wirtschaftshöfe liegen in einer Langzeile nebeneinander, jeder an der Spitze des dazugehörigen Grund und Bodens. Die auf der entgegengesetzten Seite des Hofraumes angebrachte Tür führte auf das dahinter liegende Feld. Dem Wohnhaus, das der Straße die Giebelseite zuwendet, liegen die Viehställe gegenüber; an der Straßenseite stehen neben dem Einfahrtstor in den Hof kleinere Ställe. Die dem Feld zugewandte, hintere Querseite nimmt die Scheune ein, die mit ihrer Längsseite nach dem Felde zu gebaut ist. Sie hat ein großes Tor, das auf die Länderei führte.

Die Flamen „brachten" ihre Äcker und Wiesen mit nach Berga, dadurch weitete sich die Gemarkung beträchtlich aus. Oberfläminger wurde der Bergaer Schultheiß. Die Flamen aus Langenrieth wählten ihren Langenrieth-Schultheiß und die aus Vorrieth den Vorrieth-Schultheiß. Diese Einteilung blieb bis in die Mitte des 19. Jahrhunderts erhalten.

Die Flamenzeile war mit in die Befestigung des mittelalterlichen Berga integriert. Auf der Westseite zogen sich eine Wellerwand und ein Graben von Süd nach Nord. Der Graben wurde erst Ende der 1940er-Jahre mit dem Aushub des Thyrabettes verfüllt und sogar überhöht. Die Wellerwand könnte in Höhe der heutigen, überwiegend von einer

Mauer bestandenen Grundstücksgrenze gestanden haben. Ein Teil der Zeile trägt noch heute die bisher nicht geklärte Bezeichnung Vestung. In diesem Bereich liegen auffallend kleine Grundstücke mit einer völlig abweichenden Gebäudeanordnung.

## Die Goldene Aue ein einziger See – 8. und 9. Februar 1946

In Berga erinnert die Inschrift „9.2.46“ an einem Postament nördlich der Thyrabrücke an die schrecklichen Hochwassertage im Februar 1946. Nicht nur die südlich vorbeifließende Helme führte Großwasser und hatte weite Landstriche unter Wasser gesetzt, auch die aus dem Harz kommende kleine Thyra hatte sich in einen reißenden Fluss verwandelt. In einem zeitgenössischen Bericht von einem unbekannten Schreiber heißt es: „Am Freitag, dem 8. Februar, erreichten gegen acht Uhr abends die steigenden Fluten der Thyra die Dammhöhe. Stunden später brach die Böschung zwischen dem Feuerwehrgerätehaus und der Hofmauer vom Grundstück Schenkplatz 10. Nun ergossen sich die Wassermassen über den Schenkplatz in die Nordhäuser Straße und das gesamte Unterdorf. In den Stuben stieg es bis an die Fensterbänke. In tiefer gelegenen Ställen standen die Kühe bis an den Hals im Wasser. Überall erschollen Hilferufe, die Sturmglocke ertönte in den frühen Morgenstunden. Das Großvieh brachten die Bauern in den Ställen des Oberdorfes unter. Die Schweine wurden auf die Wagen geladen und durch das Wasser gefahren. Die Menschen flüchteten mit ihren Vorräten in die oberen Geschosse und auf den Dachboden. Leute, die nur ein kleines Schwein besaßen, nahmen das kostbare Gut mit in die Schlafstube. Zwei angelegte Dammbrüche, im Mühlweg unterhalb der Eisenbahnbrücke und in der Gänselache südlich der ehemaligen Kupferhütte, sollten das Unterdorf von den Wassermassen befreien. Jedoch die Eisenbahnbrücke staute zu sehr und der höchste Wasserstand hielt sich über mehrere Stunden, bis morgens gegen 3.30 Uhr des 9. Februar. Dann fiel das Hochwasser. Verletzte oder gar Menschenleben hat es nicht gefordert.“

Die Schäden waren groß, viele Vorräte vernichtet. So sollen rund 1.000 Zentner Kartoffeln und mehrere hundert Zentner Futterrüben vernichtet worden sein – ein für die damalige Zeit unschätzbarer Wert. Einige Wohnungen im Unterdorf wurden schwer beschädigt. Im Bericht heißt es: „Die Scheune und der Stall des Hauses von Moritz Fricke (Thyrastraße 11) stürzten ein, ebenfalls die Wand des Kuhstalls von Hermann Wagner (Thyrastraße 6). Die Ostfassade von Ehrkes Haus (Damm 5) brach zusammen. Die Bewohner mussten deshalb ausziehen. Die Wellen unterspülten die Scheune und den Kuhstall von Eduard Huth (Schenkplatz 12), brachten beide Gebäude zum Einsturz. Die Lehmwände des Hauses von Robert Weber (heute Garten neben Kiedel 10) waren so stark aufgeweicht, dass das Haus unbewohnbar geworden ist.“ Die Thyra setzte das gesamte Unterdorf bis zum Bahnhof unter Wasser. Auch die Chaussee von Halle nach Nordhausen war in der Ortslage überschwemmt. Der Hobbyfotograf Fritz Heverhagen (1911–1983) hat vieles im Bild festgehalten.

Im benachbarten Bösenrode stand die Ortsmitte, „Der Plan“ genannt, vollkommen unter Wasser. „Die reißende Thyra kostete einen sechsjährigen Jungen das Leben“, erklärt der Sangerhäuser Thilo Ziegler. „Es war der Sohn einer Umsiedlerin. Die Leiche wurde erst am 2. Mai gefunden. Sie war an einem Busch oberhalb der Fünfbogenbrücke bei Kelbra hängen geblieben.“ Entdeckt hat Thilo Ziegler diese Fakten bei seinen heimatgeschichtlichen Archivrecherchen in einem Bericht.

*Blick auf Berga mit der Flamenzeile. Große Teile des Riedes werden heute vom Stausee eingenommen.*

*Anstelle des einstigen Vorwerkes Numburg erheben sich heute moderne Gebäude, die als Naturschutzstation genutzt werden.*

*Blick von Süden in die Flamenzeile von Berga, die heutige Lindenstraße. Trotz moderner Überbauung ist die typische flämische Grundstückseinteilung bei vielen Grundstücken noch erkennbar.*

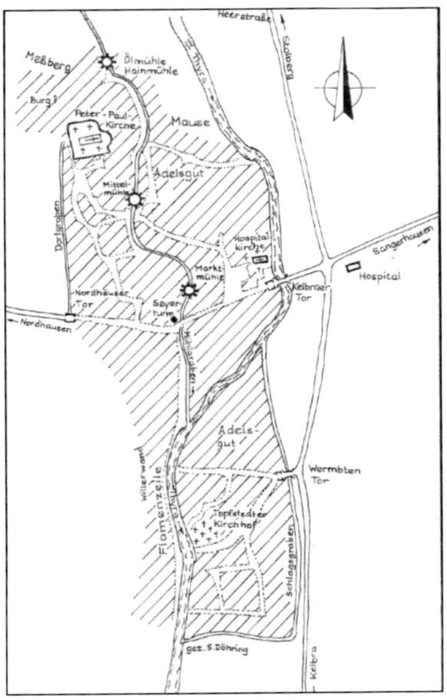


*Rekonstruktion der spätmittelalterlichen Ausdehnung von Berga und Topfstedt mit der Flamenzeile.*

*Der sogenannte Schulzenstein in Görsbach ist ein Denkmal der flämischen Rechtsprechung in der Goldenen Aue.*

Das Hochwasser im Februar 1946 betraf das Gebiet der Goldenen Aue von Heringen bis nach Ritteburg und in das Thyratal. Alles hatte damit begonnen, dass Anfang Februar plötzlich mildes Wetter einsetzte. Schon am 5. Februar kam es unterhalb von Nordhausen zu Überschwemmungen durch die Helme. Kritisch wurde es am Freitag, dem 8. Februar: Im Laufe des Tages stiegen die Wasser unaufhörlich und erreichten gegen 20 Uhr im Raum Berga, Kelbra und Thürungen ihren Höchststand. Den darauf folgenden Tag blieb das Wasser so hoch. „Es stand sogar noch zehn Zentimeter höher als bei der Katastrophe des Jahres 1881", heißt es weiter. Der Bahndamm der Kyffhäuser-Kleinbahn zwischen Berga und Kelbra wurde zum Schutzdamm: „Der Wasserstand auf der Westseite war anderthalb Meter höher als auf der unteren Seite. An einem besonders gefährdeten Durchlass bei Kelbra sicherte man die Mauern zusätzlich mit Steinblöcken." In Edersleben hatten die Fluten 40 Meter des Bahndamms weggespült. Dadurch war der Zugverkehr bis zum 11. März unterbrochen. Auch der Bahndamm der Eisenbahnstrecke Halle–Kassel drohte im Kuhried, westlich von Berga, unterspült zu werden. Aus Sicherheitsgründen stellte man am 9. und 10. Februar den Schienenverkehr auf dieser Hauptstrecke völlig ein.

In Kelbra stand das Wasser bis auf die Straße vorm „Preußischen Hof", dem heutigen „Sachsenhof". Hier gab es einen Notsteg oder man fuhr die Reisenden per Kraftwagen durch die Fluten. In der Ziegelhüttenstraße ließen die Fluten das Wohnhaus von Fritz Franke und die Stallgebäude von Fritz Wenke einstürzen. Weitere Gebäudeschäden gab es in der Wasserstraße. In der Weidenmühle und der Feldmühle standen die Erdgeschosse meterhoch unter Wasser. Im großen Rudloff'schen Speicher (Feldmühle) hatte die Sowjetische Militäradministration (SMA) 10.000 Zentner Hafer eingelagert. Diese sollten auf Befehl der SMA auf jeden Fall gerettet werden. Mit Sorge verfolgten die eingesetzten Personen das Steigen der Fluten: Zehn Zentimeter unter dem untersten Fensterrand kam das Wasser endlich zum Stehen.

Am südlichen Widerlager der Mühlgrabenbrücke in Kelbra wurden verschiedene Hochwasserstände markiert. „Das ist die Markierung vom 14. Januar 1948", erklärt Fritz Rößler, Stadtchronist von Kelbra. „Damals stand das Wasser hier umgerechnet 3,88 Meter hoch." Die alte sichtbare Einteilung ist noch in Preußischen Fuß angegeben. Ein Preußischer Fuß beträgt exakt 31,385 Zentimeter. Nachdenklich steht Fritz Rößler davor. „Mein Vater Friedrich Rößler (1873–1952, Anm. d. Autors) hat bis auf das Jahr 1847 sämtliche hier vermerkten Hochwasser miterlebt", berichtet er weiter. Eingemeißelt sind in der Mauer aus rotem Sandstein die Wasserstände vom 28. Januar 1847, 31. Dezember 1925, 10. März 1881, von 1946 und vom 14. Januar 1948. Der höchste Wasserstand war 1881 und 1946 mit über vier Metern. „Die Flut reichte damals bis kurz unter die Brückenbögen", so Fritz Rößler. „Nördlich um Kelbra war alles ein einziger See."

Auch große Teile vom Altendorf waren jedes Mal vom Hochwasser betroffen. „1948 reichte das Wasser in der Riethstraße an unserem Wohnhaus bis zur Fensterunterkante", erinnert sich Fritz Rößler weiter. „In der Stube stand es rund einen halben Meter hoch. Die Möbel hatten wir nach oben geräumt und das Vieh war von den höher gelegenen Nachbarn aufgenommen worden." Die Riethstraße hatte in Kelbra damals den Namen „Hafenviertel" erhalten. Die Anwohner waren immer auf ein Hochwasser vorbereitet. Schnell wurden auch bei Bedarf Stege errichtet. Dazu stellte man Böcke auf, verband sie mit Leitern und legte Bohlen darauf. So konnte man wenigstens trockenen Fußes

*Das Hochwasser der Thyra hatte am 8. und 9. Februar 1946 in Berga die Nordhäuserstraße zum Teil unter Wasser gesetzt.*

in die wasserfreien Stadtteile gelangen. Es gab auch keine Keller in dieser Straße. Die Kartoffeln wurden in den Gärten eingemietet.

Zum Glück hielt ein solcher Höchststand in der Regel nur einen Tag an, dann fiel das Wasser wieder. Aber in den Niederungen blieb es oft noch sehr lange stehen. „Das war gut für die Bewässerung unserer Wiesen", sagt Fritz Rößler. „Auch für uns als Kinder hatte das jährliche Hochwasser seine guten Seiten. So konnten wir in einigen Jahren von Kelbra fast bis nach Heringen Schlittschuh laufen. Damals gab es noch sehr kalte Winter. Sogar Eisfeste wurden in Kelbra gefeiert."

In Roßla wurden beim Februarhochwasser 1946 die Anwohner der Mühlenstraße auf Flößen aus ihren Häusern gerettet. Die Straße zwischen der Helmebrücke und dem Chausseehaus in Richtung Kelbra war durchbrochen und nicht mehr passierbar.

Der Pfarrer Johannes Thielemann hielt in der Chronik von Bennungen fest: „Der Wasserstand am Pegelhäuschen der Helme betrug zirka vier Meter, der Durchfluss bis zu 168 Kubikmeter pro Sekunde. Rund 6.700 Quadratkilometer Land waren überschwemmt. Damit übertraf dieses Großwasser das von 1909 in der Pegelhöhe um 25 Zentimeter." Landwirt Rudolf Gottschalk erinnert sich noch daran: „Die Steingasse stand bis zu Siegl's Haus (Nr. 73) unter Wasser. Die Jungen fuhren in selbst gebauten Kähnen aus Flugzeugbenzintanks in der Straße." Der Müller Martin Menge erlebte dieses Hochwasser als neunjähriger Junge im väterlichen Grundstück, in der Dorfmühle: „Am Morgen war der Bürgermeister Karl Hügelmann bei unseren Nachbarn und sagte Bescheid, dass Hochwasseralarm sei. Dann ging alles ganz schnell. Das Wasser stieg und stieg. Wir räumten alles Tragbare aus der Wohnung von unten nach oben. Dabei half uns noch die Nachbarin Lina Reinhardt. Auch aus der Mühle wurden die Körner schnell nach oben gebracht. Hier stand das Wasser schon bald bis an die zweite Treppenstufe." Kritischer wurde es bei Müllermeister Alfred Menge mit dem Vieh. Die Pferde standen im Wasser. Die Schweine brachte man auf zwei Leiterwagen unter, dort waren sie in Sicherheit und mussten bis zum Rückgang der Fluten bleiben."

*Das Helmewasser überflutete auch die Ortslage von Thürungen. Trockenen Fußes kam man nur mit Stelzen oder in Holzwannen über die Straße.*

Das östlich von Bennungen, die Helme abwärts liegende Dorf Hohlstedt traf es noch schlimmer. Hier stand fast der ganze Ort unter Wasser. Ein unbekannter Schreiber vermerkte in der Schulchronik: „Am 8. und 9. Februar war durch schnelles Tauwetter Großwasser. Ufer und Dämme wurden aufgerissen, Gärten der Erde und Bäume beraubt. Über den Flutgrabendamm hinweg strömten die Wassermassen von hinten durch die Gärten in die Häuser der Sack- und Engegasse und kamen vorn wieder heraus. Im Hause Hermann Fuhrmann lief das Wasser durch den hoch liegenden Hausflur. Bei Karl Bößenroth stand das Wasser einen halben Tisch hoch in den Stuben. In den Stunden der größten Gefahr wurden bis in die Nacht um drei Uhr die Kartoffeln aus den Kellern geschafft. Auf den Feldern wurde viel von dem Wintergetreide vernichtet. Das Wasser stand 23 Zentimeter höher als 1909 und reichte bis an die Hauptstraße." Nach zwei Tagen war die größte Gefahr vorüber. Die Keller standen teilweise noch unter Wasser, alles war mit einer dicken Schlammschicht bedeckt. Kaum noch passierbar war die damalige Fernverkehrsstraße 80 zwischen Bennungen und Hohlstedt, hier reichte das Wasser bis an die Bahnlinie.

Der Überwachungs- und Meldedienst des Landratsamtes nahm die Meldungen aus den betroffenen Orten entgegen. „Unermüdlich waren der Landrat Harald Möller und die zuständigen Beamten und Angestellten seiner Behörde in diesen Tagen der Gefahr tätig und waren bald hier, bald dort im Kreise, Rat und Hilfe zu bringen, zu ermuntern und anzuspornen. Vorbildlich waren die Anstrengungen in den kleineren Gemeinden", lobte der Berichterstatter. Noch im März und April waren durch die stark versumpften Äcker keine Feldarbeiten möglich.

Die Helme hat eine Gesamtlänge von rund 90 Kilometern. Sie entspringt bei Stöckey. Die größten Nebenflüsse sind: Zorge, Thyra, Leine und Gonna.

*Zwischen Bennungen und Hohlstedt hatte sich die ganze Helmeniederung in einen reißenden Fluss verwandelt.*

Überflutungen fanden normalerweise regelmäßig zur Schneeschmelze statt. Größere Hochwasser in den letzten 300 Jahren gab es 1729, 1735, 1771, 1774, 1785, 1832, 1881, 1891, 1909, 1925, 1946, 1948, 1954, 1956, 1960 und 1966. Das Hochwasser im Februar 1946 war das schwerste in der überlieferten Geschichte. Bereits im März 1946 kam das nächste Hochwasser; es war aber wesentlich geringer in seinem Ausmaß.

## Steuererlass nach dem Brand?

Es war gegen neun Uhr vormittags, am Sonntag, dem 5. Oktober 1777. Viele Bergaer waren zum Gottesdienst in der Sankt-Petri-Pauli-Kirche versammelt. Da gellte der Schrei „Feuer" durch den Ort. In der Vestung, heute Teil der Lindenstraße, war im Wohnhaus der Familie Andreas Huth ein Brand ausgebrochen.

Es ging alles ganz schnell. Pfarrer Gräfe eilte von der Kanzel in das Dorf hinunter und sah, dass nur das eine Haus in der Vestung brannte. Er habe „sehr heftig und ängstlich agiert", gleich das brennende Haus und noch ein paar daneben stehende niederzureißen. Pastor Gräfe fand aber kein Gehör. „Auch seien nicht einmal Feuergeräte, viel weniger Leute da gewesen, die retten wollten", gab er später an. „Die Verzögerung von einer Viertelstunde reichte aus, um alles in Brand zu stecken."

Der Brandherd lag im Westen des Ortes und die Flammen griffen, durch Sturm begünstigt, rasch auf die anderen Gebäude über. Binnen weniger Stunden war ein Großteil von Berga nur noch ein einziges Flammenmeer. Mittags, um 12 Uhr, traf die Schreckensnachricht bei der Fürstlich Schwarzburgischen Regierung in Frankenhausen ein. Umgehend wurde der Kammerkonsulent (Berater) August Friedrich Schrader in das „schöne und reiche Dorf Berga" geschickt. Er kam zu Pferd gegen drei Uhr nachmittags an und visitierte den Ort. Sein Auftrag war es, Hilfe zu leisten und vor allem den Zustand der Kupferhütte festzustellen. Als er vor dem Wärmten Tor stand, sah er bereits, dass von dem Bielas'schen und dem Kaufberg'schen Gut schon alles niedergebrannt war. In seinem Bericht schreibt er dazu: „In den noch stehenden Mauern und Wänden brannten die Früchte. Die Glut war aber so groß, dass ich das Dorf wieder verlassen musste." Auch durch das Kelbraer Tor konnte er Berga nicht betreten: „Ich musste um das ganze Dorf herum, um auf den Pfarrhof zu gelangen." Von dort ging er in den Ort hinunter und suchte den Aktuarius (Gerichtsschreiber) Wissmann. Ihm ging es um die Gefährdung der Kupferhütte, „die, wenn sich der Wind dreht, ebenfalls in Gefahr stund". Schrader schreibt weiter: „Es war aber wegen der Hitze und Lebensgefahr unmöglich, auf die Brandstätten zu kommen. Unter Lebensgefahr wurde von den Betroffenen Getreide gerettet. Obwohl 3.000 Menschen anwesend waren, konnte niemand weiter Hilfe leisten, sondern alle mussten zusehen und die Überbleibsel brennen lassen." 29 Spritzen waren aus den umliegenden Orten gekommen. „Weil sie nirgends löschen konnten, wurden sie zum Teil auf den Berg zur Kirche und zum Pfarrhaus geführt, um diese heiligen Gebäude zu beschützen", schreibt der Rosperwendaer Pfarrer August Ehrenfried Hoffmann in der Kirchenchronik. „Welche Gebäude aber der barmherzige Gott gnädig bewahrt hat."

Schrader ging wieder zum Pfarrhaus hinauf und blickte auf den brennenden Ort: „Von dort herunter sah ich den traurigsten und jämmerlichsten Anblick, den je mein Leben gesehen hat. Nur die Häuser unter dem Pfarrberge und der Teil, wo der Hüttenfaktor Kieling wohnt, standen noch. Das übrige war ein Feuer, das unter den Ruinen

*Die Deiche der Helme bei Hohlstedt waren überflutet bzw. gebrochen. Das Wasser überflutete die umliegenden Äcker und Wiesen.*

*Die gut erhaltenen Hochwassermarken an der Mühlgrabenbrücke haben den Höchststand der Helme in den Jahren 1847, 1881, 1925, 1946 und 1948 festgehalten. Der Pegel stammt noch aus der Bauzeit der Brücke um das Jahr 1845 und ist in Preußische Fuß eingeteilt.*

*Die Hochwassermarken am Thyraufer in Berga stammen vom 25. Januar 1834, 9. Februar 1946 und 14. Januar 1948.*

*Blick vom Bergaer Kirchturm in Richtung Kupferhütte. Am 5. Oktober 1777 war fast der ganze Ort ein einziges Flammenmeer.*

*Die Vestung in der heutigen Lindenstraße. Hier brach im Wohnhaus von Andreas Huth am 5. Oktober 1777 ein Brand aus.*

brannte." Schrader vermutete, dass zwei Drittel des Ortes in Flammen standen. Außer den Rittergütern der von Biela und von Kaufberg lag das Vermögen der „wohlhabendsten Bürger Bergas" in der Asche. Am Abend kehrte Schrader, „durch die kläglichen Überbleibsel und unter Winseln und Wehklagen der armen Verunglückten", wieder nach Frankenhausen zurück. Zuvor bat er den Pfarrer, den Gerichtsschreiber anzuweisen, „dass die Feuerwache in der Nacht bis zur Kupferhütte patrouillieren soll".

Das Feuer breitete sich nördlich bis in Höhe des Weidenbach'schen Gutes aus. Die Schenke und auch die Sankt-Johannis-Kirche des Hospitals waren mit vernichtet worden. Die Jahreszahl 1777 im Portal des ehemaligen Weidenbach'schen Gutes weist möglicherweise auf die Brandgrenze hin.

Zur Brandursache ist in den alten Akten angegeben, dass er wahrscheinlich durch „Ölabdämpfen" ausgebrochen sei. Opfer musste man nicht beklagen. Aber viele Familien zogen zu Verwandten in die umliegenden Orte. Andreas Huth hatte mit seiner Familie Zuflucht bei seinem Schwager in Bösenrode gefunden. Ob gegen ihn ermittelt wurde, ist nicht überliefert. Viele der Geschädigten stellten in den folgenden Jahren Anträge auf Steuererlass.

### *Die Schadensbilanz*

In Berga gab es im Jahre 1777 226 Wohnhäuser und 1.100 Einwohner. Dem Brand fielen laut amtlicher Schadensaufnahme „zwei adlige Rittergüter, zwei adlige Schäfereien, zwei Badehäuser, drei Schmieden, eine Mühle, zwei Gasthöfe, die Gemeindeschenke, zwei Handelleute, fünf Fleischhauer, 24 Ackerhöfe, 49 Hintersassen und die alte Hospitalkirche zum Opfer. Alle Häuser, die noch stehen, sind elende Hütten, nur drei Bauernhöfe haben überlebt." Stark in Mitleidenschaft gezogen waren auch die Tore und der Seyerturm (Uhrturm).

## Die Halle-Kasseler Chaussee bringt Leben in den Ort

Ab dem 3. Oktober 1826 wurde in Berga in der sogenannten Einnahme ein Chausseegeld abkassiert. Hier musste jeder, der die neu erbaute Straße benutzen wollte, eine Benutzungsgebühr, das sogenannte Chausseegeld, entrichten. Diese Einnahme stand noch bis in die 1930er-Jahre nördlich der Kreuzung neben dem Chausseehaus.

Die Vorarbeiten für den Straßenbau begannen am 10. September 1823 mit einer Inspektion der künftigen Trasse im damaligen Kreis Sangerhausen. In Vertretung des Landrates Baron Krug von Nidda nahmen die Herren Pfeiffer und Flachmann sowie der Kreissekretär daran teil. Die nahe Grenze zu Hannover im Westteil des Kreises sorgte für nicht geringe Probleme. In einem Protokoll aus dieser Zeit heißt es: „... dass der jetzige alte Weg, die Leipziger Straße, fast von Berga bis zur Erfurther Grenze, in seiner ganzen Länge die Landesgrenze mit Hannover macht und also auf keine Weise zur Chaussee benutzt werden kann". So entschied man sich für eine neue Trasse südlich der alten Straße.

Der Ausbau erfolgte von 1824 bis 1826. Die neue Straße durchschnitt den Landkreis fast schnurgerade von Ost nach West. Viele Orte wie Roßla, Bennungen oder Hohlstedt lagen südlich davon. Hier bereitete der Ausbau keine Probleme. Anders war es dagegen in Berga. Die Planer entschieden, die Straße direkt durch den Ort zu führen. Also fielen das Kelbraer Tor auf der Ostseite und das Nordhäuser Tor auf der Westseite dem Straßenbau zum Opfer. Auch innerhalb des Ortes ging es sehr eng zu. Hinter dem Kelbraer Tor stand das Haus der Witwe Carl. Sie erhielt aus der Staatskasse vier Groschen und das Haus wurde abgerissen. Vor dem Haus Heinrich Georges war ein öffentlicher Windenbrunnen im Wege, den man verfüllte – in der Nähe legte man einen neuen an.

Außerhalb des Ortes entstanden zwei Chausseehäuser, die heutigen Grundstücke Nordhäuserstraße 2a und 46. „Berga gewann dadurch sehr an Lebendigkeit", schrieb Pfarrer Alexander Müller in der Kirchenchronik. „Die Meile zwischen dem Rossberg und Nordhausen kostet 20.000 Thaler", notierte Christoph Wilhelm Koch aus Berga in seinem Tagebuch.

Ob eine feierliche Übergabe und Einweihung stattfand, ist in den Chroniken nicht überliefert. Sicher war das eingeführte Chausseegeld eine unwillkommene Ausgabe, aber dafür gab es jetzt eine wetterfeste Straße, die zu jeder Jahreszeit benutzbar war.

Ein weiteres Chausseehaus entstand in Blankenheim. Für Bennungen war im Jahre 1832 ebenfalls ein solches geplant, es kam aber nicht zur Ausführung.

An der neuen Chaussee setzte man im Abstand einer Preußischen Meile, also von je 7,53248 Kilometern, Meilensteine. Dabei handelt es sich um Obelisken von drei Metern Höhe auf einem Basisstein mit Sitzbanksteinen an den Seiten. Auf der Straßenseite war ein preußischer Adler angebracht, ursprünglich eine Metallgussplatte. Da diese im

*Die Ganzmeilensteine im Abstand von 7,53248 Kilometern tragen auf der Straßenseite den Preußischen Adler mit Zepter und Reichsapfel und die Entfernungsangabe bis Berlin in Preußischen Meilen.*

*Der Halbmeilenstein von Blankenheim ist das einzige Exemplar im Altkreis Sangerhausen. Wie alle Meilensteine der Gegend wurde er in den vergangenen Jahren aufwändig restauriert und mit einem Hinweisschild versehen.*

*Dieser Viertelmeilenstein hat seit einigen Jahren seinen Standort an der heutigen B 85, östlich des Bahnüberganges der Stolberger Strecke, in Berga.*

Laufe der Jahrzehnte von Sammlern herausgebrochen wurden, sind heute Nachbildungen aus Kunststoff eingesetzt. Auf drei Seiten sind Richtungs- und Entfernungsangaben angebracht. So waren es nach dem damaligen Straßenverlauf von Berga bis Berlin 32 Meilen. Zwischen den Ganzmeilensteinen stellte man noch glockenförmig gestaltete, 80 bzw. 60 Zentimeter hohe Halb- und Viertelmeilensteine auf. Die Inschrift lautet: ½ MEILE oder ¼ MEILE.

Im damaligen Landkreis Sangerhausen wurden nur die neu trassierten Straßenabschnitte versteint. Ganzmeilensteine stellte man zwischen Emseloh und Riestedt sowie zwischen Berga und Görsbach auf. Der mehrfach umgesetzte Meilenstein von Emseloh steht heute mitten im Ort am Park. Der Obelisk von Berga ist einer der wenigen, die sich noch am Originalstandort befinden. Die Sitzbanksteine liegen hier unter dem Straßenniveau und sind nicht mehr sichtbar. Viertelmeilensteine stehen noch zu je einem Exemplar in Berga und zwischen Blankenheim und Emseloh. Eine Halbmeilensäule hat ihren Standort in der Ortslage Blankenheim. Entlang der gesamten Strecke erfuhren die Steine auf Initiative der Forschungsgruppe Preußische, Mecklenburgische und Anhaltinische Meilensteine e.V. in den vergangenen Jahren eine Restaurierung und erhielten ein Hinweisschild. Alle Meilensteine sind Denkmale der Verkehrsgeschichte und stehen unter Schutz.

### Manfred Schröter

Es gibt wohl kein altes Steinkreuz und keinen Meilenstein im Landkreis Mansfeld-Südharz, welche der Bergaer Manfred Schröter nicht kennt. Zu Fuß machte er sich unzählige Male auf zu den Kleindenkmalen in Feld und Flur, sei es auf Exkursionen mit anderen Heimatfreunden oder auch allein. Fast unerschöpflich ist sein Wissen um die Geschichte dieser Kulturdenkmale.

*Manfred Schröter erklärt Irmgard Ehrhardt und ihrer Enkeltochter Martha Adamik im Jahre 2007 die Inschrift mit der Jahreszahl 1777 im Portal ihres Grundstückes. Sie weist möglicherweise auf die Brandgrenze von 1777 hin.*

1940 in Berga geboren, nahm er nach der Berufsausbildung ein Lehrerstudium auf. Bis zu seiner Versetzung in den Ruhestand im Frühjahr 2002 war er als Fachlehrer für Biologie und Chemie bzw. als Mitarbeiter in der Unteren Naturschutzbehörde des Landkreises Sangerhausen tätig.

Viele Projekte in der Bodendenkmalpflege und später im Heimat- und Geschichtsverein haben ihn überregional bekannt gemacht. Er ist in der länderübergreifenden Forschungsgruppe Preußische Meilensteine aktiv. Seit dem Jahr 2002 ist Manfred Schröter Vorsitzender des Heimat- und Geschichtsvereins „Goldene Aue" e.V.

Bisheriger Forschungshöhepunkt war die Mitarbeit bei der Erfassung der Grenzsteine der ehemaligen Grenze Chursachsen-Churhannover von 1735 und deren Veröffentlichung im Band 55 durch das Landesamt für Denkmalpflege und Archäologie im Jahre 2000. Dafür erhielt Manfred Schröter im Jahre 1999 zusammen mit zwei weiteren Heimatfreunden aus dem Landkreis Sangerhausen den Denkmalpreis des Landes Sachsen-Anhalt.

## „Glück zu" in der Bergaer Kunstmühle

Als der Bergaer Müller Richard Schuller im Jahre 1906 die Mittelmühle am Hainweg von Friedrich und Otto Richter kaufte, war er sicher voll Optimismus. Schuller investierte 25.000 Goldmark und ließ ein neues Mühlengebäude, ausgestattet mit der damals modernsten Technik, den Walzenstühlen, errichten. Voller Stolz sprach man damals

*Die drei Müllergenerationen der Kunstmühle in Berga im Jahre 2006 auf dem Walzenstuhlboden der Mühle: Müllermeister Matthias Könemann, sein Vater Müllermeister Dieter Könemann (†) und der Mühlengründer Richard Schuller (Foto).*

von der „Kunstmühle“, deren Name sich bis heute erhalten hat. Schuller kaufte von den einheimischen Bauern das Getreide und vertrieb das Mehl an die Bäcker in der Region, hauptsächlich im Raum Nordhausen. Ausgefahren wurde mit Pferdegespannen. Nebenbei betrieb er noch Landwirtschaft auf 40 Morgen, dazu Schweine- und Geflügelzucht. Seine Einnahmen müssen sehr gut gewesen sein, konnte er sich doch von 1937 bis 1939 in der Hospitalstraße ein großes Wohnhaus bauen lassen, das im Volksmund den Namen „Villa“ erhielt. 1939 setzte er sich zur Ruhe und verpachtete die Mühle an Kurt Hermann aus Allstedt. Jener ging später wieder nach Allstedt zurück und Schullers Enkel, Dieter Könemann, übernahm 1952 den Betrieb. Er hatte in Uthleben Müller gelernt und in Dippoldiswalde (Sachsen) den Meister- und Ingenieurtitel erworben. Zusammen mit einem Altgesellen bediente er nun die Mühle. Mitte der 1950er-Jahre wurde die Ausrüstung erneuert, seitdem stehen fünf Doppelwalzenstühle auf dem Walzenstuhlboden. Das Mühlengeschäft wurde über den damaligen Volkseigenen Erfassungs- und Aufkaufbetrieb (VEAB) und die Bäckergenossenschaft abgewickelt. Sogar drei Wochen Urlaub waren in jedem Jahr möglich. Allerdings durfte die Kunstmühle nur Roggenmehl produzieren; Weizenmehl war den staatlichen Mühlen vorbehalten. Bis 1963 war neben dem Elektroantrieb das Wasserrad im Einsatz. Das Wasserrecht musste Müller Könemann später „freiwillig dem Volke zurückgeben“. Am 1. Januar 1994 übernahm sein Sohn, der Müllermeister Matthias Könemann, den Mühlenbetrieb. Im Angebot der Kunstmühle Berga stehen heute zehn Sorten Mehl, darunter drei Sorten Roggen- und sieben Sorten Weizenmehl.

## Karl-Parche-Grabstein in Berlin – Erinnerung an einen Bergaer

Als bei Christa Kühne im Sommer des Jahres 2007 in Berga das Telefon klingelte, meldete sich ein Heinz-Jürgen Baumann aus Berlin. Der Lehrer war mit Schülern der Arbeitsgemeinschaft Geschichte des Gebrüder-Montgolfier-Gymnasiums in Berlin Treptow-Köpenick auf Spurensuche. Im Rahmen einer Projektarbeit hatten sie auf dem Friedhof Baumschulenweg (Kiefholzstraße) 30 Kriegsgefangenen- und Soldatengräber ausgewählt, über die sie mehr erfahren wollten. Zu den wenigen, wo es gelang, Verwandte zu finden und Auskünfte einzuholen, gehörte ein Karl Parche. Als die Schüler den Geburtsort Berga ermittelt hatten, suchten sie im Telefonbuch nach dem Namen Parche und bekamen den Kontakt zur Schwester des gefallenen Soldaten.

Christa Kühne war überrascht: Sie wusste, dass ihr Bruder in Berlin gefallen war und mehrfach umgebettet wurde. Die letzte Ruhestätte war ihr aber bis dahin unbekannt geblieben. Der Lehrer Baumann bat brieflich um Auskünfte über Karl Parche und schickte ein Bild des Grabsteins mit. Am 11. November 2007 kamen die Schülerinnen Coline Jänicke und Ronja Janke nach Berga. „Ich erzählte den beiden Mädchen meine persönlichen Erinnerungen an meinen großen Bruder“, berichtet Christa Kühne. „Ich zeigte ihnen auch alte Bilder und Dokumente. Danach gingen sie im Ort auf Suche nach weiteren Erinnerungen.“ Die Schülerinnen verfassten daraus einen Bericht, der in einer Broschüre der AG Geschichte des Gymnasiums im März 2008 veröffentlicht wurde.

Karl Parche erblickte am 12. Juli 1925 in Berga das Licht der Welt. Nach Abschluss seiner Ausbildung zum Maschinenschlosser in Nordhausen wurde er sofort zur Wehrmacht eingezogen. Er war Panzerfahrer und erlitt in Berlin-Neukölln eine schwere Verwundung. Am 29. April 1945 erlag er im Krankenhaus Britz seinen Verletzungen.

„Natürlich haben die Gespräche über meinen Bruder die alten Erinnerungen wachgerufen“, sagt Christa Kühne. „Der Schmerz ist nach wie vor da, sodass mir beim Erzählen die Tränen kommen.“

*Christa Kühne hat noch viele Erinnerungen an ihren in Berlin-Neukölln gefallenen Bruder Karl Parche aufbewahrt. Zwei Gymnasiastinnen aus Berlin hatten seinen Grabstein gefunden.*

# II. Bösenrode

## Geld und Naturalien zu Michaelis

Bis zum Jahre 1952 mussten Familien schulpflichtiger Kinder in Bösenrode die sogenannten Schulgefälle (fällige Zinsen) entrichten. Erst in diesem Jahr fassten die Gemeindevertreter den Beschluss zur ersatzlosen Aufhebung dieser alten Gewohnheit, die einen Bestandteil des Lehrereinkommens bildete. Ursprünglich nur aus Naturalien bestehend, hatte man die Schul- und auch die Ostergefälle nach der Inflationszeit in Geld umbewertet. Dabei handelte es sich um einen Geldbetrag, der den Gegenwert von einem ¾ Scheffel Roggen und einem Brot entsprach. „Letztmalig entrichtet wurden sie aber im Jahre 1948", heißt es in der Chronik. Der Betrag schwankte, zusammen mit dem Ostergefälle zwischen 4,15 RM für 1933 und 6,20 DM für 1948. Zu Michaelis (29. September) nahm sie der Lehrer selbst bzw. später die Gemeindeverwaltung ein.

Außer dem Schulgefälle standen dem Lehrer noch weitere Einkommen bzw. kostenfreie Leistungen zu. So war für ihn die Benutzung und Unterhaltung der Schulwohnung in Bösenrode kostenlos. Dazu gehörten auch ein kleiner Garten, die Scheune, Schweineställe und ein Bienenhaus. Auf dem benachbarten Kirchhof durfte er das Obst ernten und das Gras mähen. An Ländereien waren mit dieser Stelle ein Pflanzenfleck vor dem Hopfenberge, ein Obstfleck am Weinberg, Ackerland auf dem Loh, unter dem Holze, am Kohlbache und in der Triangel verbunden. Dazu kamen noch Obstrechte an

*Im Gebäude der ehemaligen Dorfschule von Bösenrode befindet sich heute das Schulmuseum. Viele Exponate erinnern an die frühere Zeit.*

der Stolberger Straße und der Genuss der Braugerechtigkeit. Für seinen Wasserbedarf durfte er den Brunnen auf dem Pfarrhof umsonst nutzen.

In der Sankt-Nicolai-Kirche waren für den Lehrer und seine Familie die Kirchenstühle Nummer drei und vier sowie die „ersten Weiberstühle" reserviert. Brennholz bekam er aus dem Siebengemeindewald geliefert. Von den acht Schock Wellen (dünnes, gebündeltes Holz) war die eine Hälfte für den Klassenraum bestimmt, die andere für seine Wohnung. Die Kosten in Höhe von acht Talern für das Hauen und den Transport erstattete ihm die Kommune. Weiteres Brennholz gab es aus den gemeindeeigenen Waldflächen und vom Ufer der Thyra. Überhaupt bestand der größte Teil seines Einkommens aus Naturalien von den Familien im Ort. Jeder der neun Ackerhöfe und die Mühlen mussten jährlich zu Michaelis einen Scheffel Roggen, einen Viertel Scheffel Weizen und zu Neujahr eine Wurst abliefern. Jeder Hausbesitzer und Pferdehalter hatte einen Scheffel Roggen zu entrichten, jeder Hausbesitzer ohne Pferde dagegen nur einen Viertelscheffel.

## Eine Brautpredigt für zwölf Groschen

„Von jedem Paar, das sich trauen ließ oder aufgeboten wurde, bekommt der Lehrer vier Groschen", steht in der alten Pfarr- und Schulmatrikel für Bösenrode vom 23. Dezember 1847. An diesem Tag anerkannte die gesamte Einwohnerschaft das Verzeichnis. Zu den Unterzeichnern gehörten Pfarrer Sudtmeyer, Kantor Kandelhart, Bauermeister Erdmann, die Vorsteher Benkenstein und Fuhrmann sowie die Kirchenvorsteher Schröder und Hesse und weitere 85 Bürger des Ortes.

Darin wurden hauptsächlich die Nebeneinkünfte des Lehrers festgeschrieben. So erhielt er bei einer Hochzeit sechs Groschen an Gebühren. War die Braut aus Bösenrode, gab es noch eine gute Fleischsuppe mit einem Stück Rindfleisch, ein Brot, ein Stübchen Bier, ein Tuch und eine Zitrone, den sogenannten Strauß. Wurde eine Brautpredigt gewünscht, stiegen die Gebühren auf zwölf Groschen, ebenso bei „Gefallenen".

Bei Kindtaufen bekam der Lehrer von den Eltern des Täuflings drei Groschen, für einen Gevatterbrief einen weiteren. Fand die Taufe im Elternhaus oder in der Pfarre statt, mussten sechs Groschen bezahlt werden. Bei einem außerehelich gezeugten Kind stieg die Gebühr auf zwölf Groschen. Bei der Taufe hatten außerdem jeder Taufzeuge und seine Begleiter mindestens einen weiteren Groschen zu „opfern".

Bei Begräbnissen erhielt der Lehrer für kleine Kinder drei, für Schulkinder sechs und bei einer konfirmierten Person zwölf Groschen. Für das Vortragen eines Lebenslaufes bei öffentlichen Beerdigungen kamen noch mal vier Groschen dazu. Weitere Einnahmen brachte die Konfirmation, für die jeder Konfirmand drei Groschen zu entrichten hatte. Bei Leerung des Gotteskastens erhielt der Lehrer jedes Mal einen Groschen für eine Kanne Bier und von jedem Taler an Inhalt zwei Groschen sechs Pfennige. Zu Neujahr war es dem Lehrer erlaubt, „von jedem Einwohner ein Geldgeschenk in Anspruch zu nehmen, wenn er durch Gesang Neujahr begeht".

An Bargeld erhielt er außerdem jährlich von der Kirche zwölf Taler, drei Groschen und sechs Pfennige. Von der politischen Gemeinde kamen weitere sechs Taler 19 Groschen dazu. An Schulgeld musste 1847 gezahlt werden: für jeden Knaben, dessen Eltern Pferde hielten, sechs Groschen, ohne Pferde nur drei Groschen. Die Mädchen waren teurer: sie kosteten ohne Ausnahme sechs Groschen.

## Die Deckenmalereien in der Sankt-Nicolai-Kirche

Von Außen wirkt die kleine Bösenroder Dorfkirche „Sankt Nicolai" recht unscheinbar. Doch im Innern hat der Maler Johann Christ. Beckmann im Jahre 1715 eine schöne Deckenbemalung geschaffen. Sein Auftraggeber war vermutlich Hans Caspar von Rüxleben, Inhaber des Rittergutes und Patronatsherr der Kirche. Der Zahn der Zeit hat deutliche Spuren an den Gemälden hinterlassen. Die Farben sind verblasst und teilweise hat eindringendes Wasser die Farbschichten abgelöst.

Nach einer Beschreibung des Pfarrers Probst aus dem Jahre 1894 stellen die Gemälde Folgendes dar: Im Chor, direkt über dem Kanzelaltar, befand sich das Trinitätsdreieck, auch bezeichnet als „Auge Gottes". Es ist heute nicht mehr erkennbar. An der südlichen Wange schwebt ein Engel mit zwei Gesetzestafeln in der Hand. Diese Darstellung erinnert an den Bund Gottes mit dem Volk Israel. Der Engel auf der nördlichen Wange hält einen Kelch, gefüllt mit dem Blut Jesu Christi. Das ist das Zeichen des neuen Bundes Gottes mit den Menschen.

Auf der Südseite ist im ersten Feld der Evangelist Matthäus dargestellt. Er trägt ein Kind auf dem Arm. Im zweiten Feld kniet Noah vor dem Brandopferaltar. Rauch steigt empor, im Hintergrund kann man die Arche und den Regenbogen erkennen. Im dritten Feld befindet sich eine Darstellung des Evangelisten Johannes mit dem Adler.

Die Nordseite zeigt im ersten Feld den Evangelisten Markus mit dem Löwen. Daneben ist ein betender Mann zu sehen. Im Hintergrund erblickt man eine Stadt mit einem Tempel. Im dritten Feld ist der Evangelist Lukas abgebildet, erkennbar an seinem Attribut, dem Stier.

Alle vier Evangelisten sind in Medaillons eingefasst, umgeben mit einem Lorbeerkranz und Akanthusrankenwerk mit Blüten. Diese Einfassung ist aber jüngeren Datums und wurde erst 1910 dazugemalt.

In der Mitte der Wölbung ist im ersten Feld die Taube, das Symbol des Heiligen Geistes, umgeben von einem Lichtschein, abgebildet. Im zweiten Feld schwebt der Himmelskönig Jesus. Im dritten Feld sieht man einen Engel mit aufgeschlagener Bibel: „Fürchtet Gott und gebet ihm die Ehre".

Über der Orgelempore ist das Jüngste Gericht dargestellt. Direkt über der Orgel schwebt der Erzengel Michael, der gegen die bösen Geister des Himmels kämpft. Seinen Körper bedeckt ein Panzer, auf dem Kopf trägt er einen Helm. Mit der linken Hand hält er den Schild und mit der rechten Hand schleudert er Blitze. Der Schild trägt das Signum Jesu Christi, das Kreuzzeichen und die Kreuznägel. Auf der Südseite steigen Engel triumphierend auf, der eine mit dem Siegespanier Viktoria, ein weiterer mit einem Band, das die Aufschrift „Gloria in excelsis deo" (Ehre sei Gott in der Höhe) trägt. Ein dritter mit einer Flöte, weitere mit Geige und Harfe. Auf der Nordseite fallen die besiegten bösen Geister auf die Erde herab. Sie sind nackt, tragen Schmetterlings- bzw. Fledermausflügel oder einen Drachenschwanz.

Die Signatur des Malers, „Joh. Christ. Beckmann. Thüring. 1715", befand sich auf einem aufgerollten Pergament in der Hand eines Engels oberhalb der Treppe, die auf die Orgelempore führt. Heute ist davon kaum noch etwas zu erkennen.

In der Chronik ist vermerkt, dass im Jahre 1839 eine große Dachreparatur erfolgte. Damals stand die Kirche mehrere Wochen ohne Dach und der Gottesdienst musste im

*Der Erzengel Michael ist hier im Kampf gegen die bösen Geister dargestellt. Er schleudert Blitze und trägt einen Panzer am Körper.*

Freien stattfinden. Die Gemeinde stand vor der Entscheidung, die Gemälde auszubessern oder „mit Kreide weiß zu überstreichen". Sie wurden aber wiederhergestellt. Ähnlich war die Situation im Jahre 1910. Am 9. Juni schlug ein Blitz in die Kirche ein. Die Bösenröder und Bergaer Feuerwehren konnten den Brand löschen, aber das Gemälde wurde durch eindringendes Löschwasser stark beschädigt. Die Versicherung zahlte eine Brandentschädigung in Höhe von 2.785 Mark an die Kirchengemeinde.

Wiederum wollte man in Bösenrode nicht auf die Ausmalung verzichten und beauftragte den Kunstmaler Heinrich Zacharias aus Hannover mit der Restaurierung. Jener entfernte auch Übermalungen aus dem Jahre 1839 und malte zusätzlich die vier Medaillons mit dem Lorbeerkranz um die Evangelistenbilder und die Wolkenmassen. Das Bild, das sich heute zeigt, stammt demnach überwiegend von der Hand Heinrich Zacharias'. Seine Signatur befindet sich über der Treppe zur Orgelempore. Im Rahmen der Kirchensanierung im Jahre 1994 konservierte man die Gemälde. Nach Reinigung der gesamten Oberfläche befestigte man die Farbschichten mit Fischleim.

# III. Rosperwenda

## Johann Gottlob Leidenfrost - ein großer Sohn des Ortes

Am 27. November 1715 erblickte Johann Gottlob Leidenfrost, Sohn des Ortspfarrers Johann Heinrich Leidenfrost, in der kleinen Gemeinde Rosperwenda das Licht der Welt. Im Jahre 1721 verließ die Familie den Ort und zog nach Ortenberg. Johann Gottlob Leidenfrost studierte zunächst Theologie, dann Medizin an der Universitäten in Gießen, Leipzig und Halle, wo er auch 1741 zum Doktor der Medizin promovierte. Nach einigen Reisen wurde er Feldarzt im ersten Schlesischen Krieg; aber bereits 1743 folgte er einem Ruf auf eine Medizinprofessur an die Gerhard-Mercator-Universität Duisburg. 1745 heiratete er Cornelia Kalckhoff aus Duisburg, mit der er sieben Kinder zeugte. Hier erschienen auch seine über 70 Publikationen. Mehrere Male war er Rektor der Universität, erstmalig 1751, dann 1760, 1767 und 1775 bis zu seiner 5. Amtsperiode im Jahre 1781. Seit 1773 war er Mitglied der Deutschen Akademie der Naturforscher Leopoldina. Bis zu seinem Tode am 2. Dezember 1794 wirkte er hier als Professor der Medizin.

Leidenfrosts Geburtshaus steht zwar nicht mehr, doch erinnert seit dem Jahre 2006 eine Gedenktafel an der früheren Schule an diesen Mann.

„Das nach ihm benannte Leidenfrost'sche Phänomen findet sich in jedem Physikbuch von Format von Japan bis nach Rußland", sagte der Vorsitzende des Heimat- und Geschichtsvereins „Goldene Aue" Manfred Schröter in seiner Weiherede. „Es ist weltweit bekannt, aber nur wenige Menschen wissen um Duisburg als Geburtsort dieser

*Einweihung der Gedenktafel für Johann Gottlob Leidenfrost am 1. Oktober 2006 am ehemaligen Schulhaus in Rosperwenda.*

Entdeckung, und noch weniger Menschen wissen, dass dieser Entdecker hier in Rosperwenda geboren wurde. Damit hat das kleine Dorfmuseum ein Alleinstellungsmerkmal von Bedeutung für die Geschichte der Physik erhalten", so Schröter. Die Enthüllung der Erinnerungstafel nahmen Ulrich und Ingrid Dann, geb. Leidenfrost, aus Kelbra vor. Stellvertretend waren sie zusammen mit Gerd und Klaus Leidenfrost zur Ehrung des Namensvetters angereist.

*Das Leidenfrost'sche Phänomen*

Ein Wassertropfen auf einer heißen Herdplatte verdampft nicht sofort, sondern führt einen Tanz auf, der je nach Größe des Tropfens und Temperatur der Platte bis zu einer Minute dauern kann. Dieses Phänomen wurde erstmalig von Johann Gottlob Leidenfrost erforscht, beschrieben und analysiert. Unterhalb von 200 Grad Celsius sieden die Tropfen rasch und verdampfen. Ab 210 Grad Celsius (Leidenfrost'scher Punkt) vergehen sie langsam. Ist die Temperatur der Oberfläche hoch genug, um eine rasche primäre Verdampfung zu erreichen, tanzt der Wassertropfen auf einem Dampfpolster, der ihn vor der direkten Wärmeübertragung isoliert. Der Tropfen verkocht nicht zischend, sondern gleitet fast reibungsfrei über der glühenden Fläche hin und her, während er lautlos kleiner wird. Im Jahre 1756 erschien Leidenfrosts berühmte Arbeit „De Aquae Communis Nonnullis Qualitatibus Tractatus".

## Ein neuer Kanzelaltar für „Sankt Margarethen"

Wenn man die kleine barocke Kirche „Sankt Margarethen" in Rosperwenda betritt, ist man immer angenehm überrascht. Alles ist sauber und geschmückt, als wäre erst gestern die Einweihung gewesen.

Für den Neubau des Kirchenschiffs im Jahre 1746 hatte die Gemeinde über 20 Jahre Geld gesammelt. Die Baukosten betrugen rund 170 Gulden. Der damalige Pastor Michael Andreas Riemann ließ sich zusammen mit dem Schultheiß und dem Kantor am Südportal in einer Inschrift verewigen. Zehn Jahre später, im Januar 1756, konnte sich die Gemeinde auch einen neuen Altar leisten. Zwischenzeitlich hatte Pfarrer Christoph Gottfried Möller das Amt übernommen. Eine heute durch ein Bild verdeckte Inschrift an der Predella (Sockel des Altaraufsatzes) weist darauf hin und lautet: „Gott und seinem Haus zu Ruhm und Ehren will Kanzel und Altar uns dieses hiermit lehren, daß selbige nicht zum Schein noch eitlen Prahlen hiesige Gottesgemeinde hat lassen bauen und malen. Am 31. Januar 1756."

Die Kirchenrechnungen aus dieser Zeit sind nicht erhalten, sodass es weder Nachrichten über die Kosten noch einen Hinweis auf den Herkunftsort und den Meister gibt.

Der neue Altar, dessen Mittelpunkt der verzierte Kanzelkorb bildet, ist ein für die Südharzregion typischer Kanzelaltar. Der Zugang erfolgt von der Rückseite über eine Treppe. Rechts und links vom Korb tragen zwei Säulen einen Giebel, an dem das „Auge Gottes" in einem Strahlenkranz zu sehen ist. Den seitlichen Abschluss bilden zwei Wangen mit Akanthusranken und -blüten.

Fast einhundert Jahre später war die erste Restaurierung notwendig. Der Maler Elsner aus Nordhausen erhielt damals 27 Taler für das Anstreichen und Vergolden. Außer-

*Im Jahre 1756 erhielt die Sankt-Margarethen-Kirche in Rosperwenda diesen schönen Kanzelaltar aus der Werkstatt eines unbekannten Meisters.*

dem rückte man den Altar um und richtete ihn auf den Mittelgang des Gestühls aus. 1934 erhielt er durch einen unbekannten Kunstmaler aus Halle einen neuen Anstrich. 1968 ließ die Gemeinde ihn wieder an seinen ursprünglichen Standort versetzen. 1985 restaurierte Anneliese Blacha aus Ferna im Eichsfeld den gesamten Altar. Anstelle der fehlenden Sonne am Giebel brachte sie das „Auge Gottes“ im Strahlenkranz an.

## Das Esseland

Im Zuge der Urbarmachung der Helmeniederung siedelten sich auch in Rosperwenda flämische Kolonisten an. An sie erinnern noch das Esseland und die Eindeichung des Rossbaches (Saubaches) südlich des Ortes. Der Rossbach ist heute ein geschütztes Bodendenkmal.

Beim Esseland handelt es sich um einzelne Ackerstücke, die verstreut in der ganzen Flur liegen. Vermutlich war es ehemaliges flämisches Eigentum, das in den Besitz von Rosperwendaer Familien übergegangen war. Nach einer Auflistung aus dem 17. Jahrhundert ging es um insgesamt 16½ Morgen Ackerland. Die neuen Eigentümer waren keine Flamen, trotzdem hatten diese Ländereien ihren besonderen Status behalten. So betrugen die Abgaben nur den halben Geschoss (Steuersatz). Dafür mussten die Besitzer aber jährlich ein Essen für die in Berga wohnenden Riethschultheißen, den Dorfschultheiß, die Vorsteher, den Kantor und weitere Personen ausrichten.

Das Geschossgeld wurde jährlich am Martinstag (11. November) in Rosperwenda abgeholt. Dazu erschien eine Bergaer Abordnung mit folgenden Herren: drei alte Geschossherren, drei neue Geschossherren, der alte Langenrieth-Schultheiß, der alte Vorrieth-Schultheiß, der Amtsschultheiß als Oberfläminger, der neue Langenrieth-Schultheiß, der neue Vorrieth-Schultheiß, der Kantor (erster Lehrer) als flämischer Schreiber und zusätzlich der Dorfschütze. Sie mussten mittags bis zwölf Uhr erscheinen und wurden von den Inhabern des Esselandes bewirtet.

Diese Mahlzeit war unter den Landbesitzern nicht ganz unstrittig. Die Weigerung Johann Friedrich Kannenbergs, der im Jahre 1725 Schultheiß von Rosperwenda war, diesen alten Brauch beizubehalten, resultierte aus der hohen Belastung der Landeigentümer. Seine Bemühungen hatten aber keinen Erfolg. Am 4. Juni 1725 kam es vor dem Amtsgericht in Roßla zu einem gerichtlichen Vergleich, in dem auch die Art und Weise, wie zukünftig das Essen auszurichten sei, festgeschrieben wurde. Darin heißt es, dass zum Mittagsmahl künftig für die insgesamt zwölf Personen vier warme Fleischgerichte gereicht werden müssen. Dazu kamen noch zwei Braten und zwei Kuchen. Am Abend mussten die Reste wieder auf dem Tisch stehen, zusätzlich zwei warme Fleischgerichte.

Der Ablauf des Essens ist in einer Beschreibung aus dem Jahre 1734 überliefert. Wer demnach von den zur Abordnung gehörenden Personen zu spät, also nach zwölf Uhr, erschien, musste fünf Groschen drei Pfennige als Strafe zahlen. Vor dem Essen hatte das Geschossgeld in Höhe von einem halben Gulden, auf einen Teller gezählt, auf dem Tisch bereitzuliegen. Erst dann wurde aufgetragen. Der mitgenommene Schütze musste vor dem Essen ein Gebet sprechen. Anschließend hatte er die Speisen und Getränke zu reichen. Keiner der Bergaer durfte die Gaststube mit bedecktem Haupt betreten. Ebenso war das Fluchen nicht gestattet. Bei einem Verstoß musste die betreffende Person ein Bauernmaß oder neun Kannen Bier als Strafe entrichten. Die angefallenen Strafen wurden aufgeschrieben, eingebracht und später von allen Flämingern an einem selbst festgelegten Tag in Berga bei „Bier und Tabak vertan". Blieb jemand die Strafe schuldig, so hatte der Oberfläminger nach alter Observanz das Recht, ihn ohne Einschaltung des Amtes Kelbra zu pfänden.

War unter den geladenen Personen ein neuer Fläminger, der noch nicht an einem solchen Essen teilgenommen hatte, so wurde ihm nach dem Mittagessen ein großer „Willkommen" vorgesetzt. Dazu wurde dieses Trinkgefäß, das die Rosperwendaer „Flämischen Güterbesitzer" aufbewahrten, mit Bier gefüllt. Der neue Fläminger musste es, auf zwei bis drei Mal verteilt, auf des „flämischen Rechts Gesundheit" austrinken. Worauf der Oberfläminger aus einem Glas auf die Gesundheit der anwesenden Fläminger zu trinken hatte. Konnte oder wollte der neue Fläminger den ihm vorgesetzten „Willkommen" nicht austrinken, musste er fünf Groschen sechs Pfennige Bußgeld bezahlen.

Nach dem Mittagessen wurde Karten gespielt. Dazu hatte der Oberfläminger in jedem Jahr ein neues deutsches Kartenspiel mitzubringen, in dem auch Dreien, Vieren und Fünfen waren. Der Spieleinsatz betrug für jede Person fünf Groschen sechs Pfennige. Gespielt wurde das „Flämische Spiel". Worum es sich dabei handelte, ist nicht näher beschrieben. Nach Spielende nahm der Oberfläminger die Karten und gab sie dem Wirt. Er musste sie aufheben, obwohl es im nächsten Jahr wieder neue Karten gab.

Bier bekamen die Fläminger an diesem Tag soviel zu trinken, wie sie wollten oder konnten. Nach dem Abendbrot war Schluss. Brachte der Wirt ein Licht in die Gaststube, mussten alle aufbrechen und nach Hause gehen.

Erst mit der Aufhebung des Flämischen Rechtes per Königlich Preußischem Gesetz vom 2. März 1850 fiel dieses Essen weg.

*Blick vom Roßberg auf Rosperwenda. Bis 1850 wurde hier alljährlich ein „Flämisches Essen" ausgerichtet.*

# IV. Kelbra

## Bollwerk der Stadt

In der Nähe der Kelbraer Burggrundschule ragt ein quadratischer Turm in den Himmel. Er gehört zur einstigen Burg Kelbra, von der außer dem Bergfriedstumpf nur noch wenige Mauerreste erhalten geblieben sind. Von der im Mittelalter erbauten, weiträumigen Anlage mit Vor- und Kernburg wurde nur die Kernburg zu einem Schloss umgestaltet und ein Teil der Gebäude bis in das 19. Jahrhundert wohnlich genutzt. Heute stehen im westlichen Teil Wohnhäuser. Nach der Wende setzte man südöstlich des Palas (Hauptgebäude) einen modernen Schulbau hinein, in südlicher Richtung ist die gesamte Fläche ebenfalls überbaut worden.

Im Grundriss der Stadt Kelbra fällt auf, dass außer der an der Nordostecke befindlichen Burg auch andere, als Freigüter bezeichnete Höfe von Adelsfamilien am Rand oder an den Ecken der ursprünglichen Stadtmauer ihren Standort haben. Es entsteht der Eindruck, dass man diese wehrhaften Höfe im Rahmen einer planmäßigen Anlage geschickt in das Befestigungssystem integrierte.

Der Bergfried war einst dreigeschossig. Das exakte schmalfugige Mauerwerk des Turmstumpfes datiert ihn in die Zeit um 1200. An dem in nördlicher Richtung bis zur einstigen Ringmauer anschließenden Palas sind verschiedene Bauphasen zu erkennen. Ein auf der Ostseite befindliches romanisches Fenster mit Säule und Rundluke wurde zugemauert. Nicht mehr zugänglich sind die imposanten Kellerräume. Der Zugang erfolgt über den Palas. Baugeschichtlich interessant ist eine im Keller sichtbare Grundmauer des Bergfrieds, die im sogenannten Fischgrätenverband errichtet wurde. Parallelen dazu gibt es in der Unterburg der einstigen Reichsburg Kyffhausen. Seltenheitswert hat auch ein Kellerportal mit einem sogenannten Schulterbogen.

Urkundliche Nachrichten über die Erbauung der Burg fehlen. Auch die einstigen Burgherren konnten bisher nicht alle ermittelt werden. Im Jahre 1185 trat ein Albert von Kelbra auf. Wenn sich ein Adliger nach einem Ort nennt, so setzt das einen bestehenden Hof oder eine Burg voraus. Vielleicht ist das ein Hinweis auf diese Burg. 1285 gab es das „oppidum Kelbra“ (befestigter Ort). Zu dieser Zeit war die Stadt also schon mit Mauer und Graben umgeben. 1394 residierten Ulrich Graf von Hohnstein und sein Sohn Heinrich in der Burg. 1409 erwähnt eine Schenkungsurkunde eine Kapelle auf dem Schloss. 1418 waren die Grafen von Stolberg und Schwarzburg gemeinsame Eigentümer. 1592 gelangten die Schwarzburger Grafen in den alleinigen Besitz. Die Lehnshoheit besaß weiterhin Sachsen, bis König Friedrich August sie nach dem Wiener Kongress am 15. Juni 1815 an das Königreich Preußen abtreten musste. Im Jahre 1816 erwarb das Königreich Preußen den Schwarzburger Anteil und veräußerte ihn 1835 an die Grafen zu Stolberg-Roßla. Diese richteten hier eine Domäne ein. Wenige Jahre zuvor, 1829, hatte man den Fachwerkbau des Turmes wegen Baufälligkeit abnehmen müssen. Möglicherweise wohnte der Domänenpächter bzw. -verwalter noch in der alten Burg, bis 1886 außerhalb davon ein neues Wohngebäude entstand.

*Die Mauerreste bieten noch heute einen imposanten Anblick. Die Ruine ist nur von außen für Besucher zugänglich.*

Palas und Turm nutzte man weiterhin als Lagerräume. Zur Erhaltung geschah eigentlich nichts, sodass die Anlage zusehends verfiel und die Dächer einstürzten. Im Jahre 1982 wurden die Ruinen und das umliegende Gelände unter Denkmalschutz gestellt. Durch den Einsatz von ABM-Mitteln in den Jahren 1992 und 1993 war es möglich, einige Mauern zu sichern und den Turm mit einem Dach zu versehen. Gegenwärtig ist nur der äußere Teil zugänglich.

## Fritz Rößler

„Wer etwas von Kelbra wissen will, landet am Ende bei mir", kann Fritz Rößler guten Gewissens von sich behaupten. Seit rund sechs Jahrzehnten sammelt der 1922 geborene Kelbraer alles an Wissen und Material, was er über die Stadt bekommen kann. Sein „Arbeitstag" beginnt mit einer umfassenden Zeitungsschau, damit ihm nichts über Kelbra entgeht.

Auf 728 Seiten Text hat Fritz Rößler die Geschichte seiner Heimatstadt für den Zeitraum von 1897 bis 1993 niedergeschrieben. Damit führt er die Chronik seines Vorgängers, des Bürgermeisters Friedrich Wilhelm Ernst Lehmann, fort, der das Druckwerk „Die Geschichte der Stadt Kelbra am Kyffhäuser" im Jahre 1900 im Eigenverlag herausgegeben hat.

Seine chronistische Arbeit endet nicht mit dem Jahr 1993. Aber diesen Teil wollte er erst einmal abgeschlossen haben. Die chronologisch geordneten Fakten sind sehr detailliert. Sie geben zum Beispiel einen Einblick in die Stadtverordnetenversammlungen, in die Entwicklung der örtlichen Betriebe und der Landwirtschaft sowie in die Bevölke-

rungsbewegung. „Alles kann man darin nachlesen", sagt Rößler, der dafür ungezählte Stunden im Stadtarchiv in alten Akten forschte.

Mit seiner Frau Margarete (1921–2002) unternahm Fritz Rößler zahllose Wanderungen im Kyffhäusergebirge, wobei sie auch an den geologischen und botanischen Besonderheiten der Region interessiert waren. Diese eigenen Erfahrungen sowie zahllose Gespräche mit Zeitzeugen flossen neben den vielen ausgewerteten Archivsachen natürlich auch in seine Chronik ein.

In welcher Form sein Werk einmal einem breiten Interessentenkreis zugänglich sein wird, ist noch nicht klar. Vielleicht findet der Förderverein für Heimatgeschichte der Stadt Kelbra, der ihn zum Ehrenmitglied ernannt hat, einen Weg.

## Aus der Geschichte der „Rübenbahn"

Die zwischen Berga und Artern verkehrende Kyffhäuser-Kleinbahn, die übrigens Normalspur hatte, nannte man in der Bevölkerung auch scherzhaft „Rübenbahn". Auf dieser Strecke wurden nämlich über viele Jahrzehnte die in der Goldenen Aue angebauten Zuckerrüben in die damalige Zuckerfabrik nach Artern transportiert.

Die Entstehungsgeschichte der Bahnstrecke führt weit zurück. Nach ersten Plänen im 19. Jahrhundert setzte sich im Jahre 1906 der Kelbraer Apotheker Otto Tegetmeyer für die Errichtung einer solchen Verkehrsverbindung ein. Es gab zwar einen Bahnanschluss Berga-Kelbra, aber der lag im benachbarten Berga. Der Kammerdirektor Raeck aus Roßla bemühte sich in einem eigens gebildeten Ausschuss, die Linie statt in Berga in Roßla einmünden zu lassen. Dem widersprach das Preußische Verkehrsministerium und legte den Bahnhof Berga-Kelbra fest. Am 9. Dezember 1911 fasste der Kreistag in Sangerhausen den Beschluss, für 150.000 Mark Aktien zu zeichnen. Die Gründungs-

*Eine Cn2 Güterzugtenderlokomotive im Einsatz auf der Kyffhäuser-Kleinbahnstrecke.*

versammlung der Kyffhäuser-Kleinbahn-Aktiengesellschaft fand am 6. August 1913 in Sangerhausen statt. Das Grundkapital betrug 1.844.000 Mark. Die beteiligten Gemeinden und Gutsbezirke hatten sich verpflichtet, das für den Bahnbau erforderliche Land kostenlos und lastenfrei zur Verfügung zu stellen. Am 5. Januar 1914 wurde die Aktiengesellschaft in das Handelsregister des Amtsgerichts Kelbra eingetragen. Am gleichen Tag stellte der Regierungspräsident in Merseburg die Genehmigungsurkunde für die Herstellung und den Betrieb der Bahn auf eine Zeitdauer von 120 Jahren aus.

Im Frühjahr 1914 begannen südlich des Bahnhofes Berga-Kelbra die Bauarbeiten, nachdem die Gemeinde Berga einen Anteil von 3.000 Mark an die Gesellschaft gezahlt hatte. Allein auf dem ersten Abschnitt bis Kelbra mussten drei Brückenbauwerke über die Helme, den Solgraben und den Mühlgraben errichtet werden. Der Ausbruch des Ersten Weltkrieges am 1. August 1914 verzögerte die Arbeiten kurzzeitig, bis französische Kriegsgefangene als Bauarbeiter zum Einsatz kamen. Bereits ab Mitte November 1915 gab es von Berga-Kelbra bis Hackpfüffel einen „beschränkten Wagenladungsverkehr". Dem folgte am 29. Mai 1916 die landespolizeiliche und eisenbahntechnische Abnahme des 15 Kilometer langen Teilstückes. Einen Tag später fuhr um 6 Uhr morgens in Berga der erste Zug ab und traf 6.30 Uhr in Hackpfüffel ein. Der erste Gegenzug verließ Hackpfüffel um 6.47 Uhr und traf um 7.30 Uhr in Berga ein. In der Tagespresse hieß es dazu weiter: „Zur Abnahme waren die Bahnhöfe, auf denen die Bahnhofswirtschaften bereits geöffnet sind, festlich geschmückt. Die sonst bei solchen Anlässen übliche Feier fand nicht statt. Nur in Sittendorf, wo die Gemeindevertretung, die Jugendwehr und die Schulen den Abnahmezug empfingen, hielt der Gemeindevorsteher eine Ansprache." Die offizielle Betriebseröffnung war am 1. Juni 1916.

Am 20. Dezember 1916 fand die endgültige Abnahme der Bahnanlage statt. In der Chronik heißt es dazu: „Kurz nach 12 Uhr setzte sich der aus zwei Personen- und einigen Güterwagen bestehende Zug in Bewegung, um mit der Prüfungskommission in langsamer Fahrt die neue Strecke zu bereisen. Die Kommission bestand aus Vertretern der Königlichen Eisenbahndirektion Erfurt und der Königlichen Regierung zu Merseburg, dem Königlichen Landrat, dem Bürgermeister Stuhrmann aus Artern sowie Vertretern des Bauamtes. Die Bahnhöfe hatten Flaggen- und Tannenschmuck angelegt.“

Die Betriebslänge von Berga bis Artern betrug 28,69 Kilometer. Die Strecke war eingleisig und führte vom Bahnhof Berga-Kelbra in Berga nach Kelbra (Haltestelle Altendorf und Bahnhof Kelbra) und weiter über Sittendorf, Tilleda, Hackpfüffel, Ichstedt, Borxleben, Kachstedt, Artern-West zum Zielbahnhof Artern-Ost. In Kelbra wurde 1916 ein Anschlussgleis zum Mühlenwerk Theo Rudloff und gegen Ende des Zweiten Weltkrieges ein weiteres zur ehemaligen Brauerei gelegt. Im Jahre 1936 erhielt auch das Altendorf bei Kelbra eine eigene Haltestelle.

Bis 1935 wurden Personen- und Güterverkehr zusammen bewältigt. Auf den Bahnhöfen gab es durch häufiges An- und Abhängen von Güterwagen sowie Beladungsarbeiten lange Aufenthalte. Im März 1935 stellte die Gesellschaft einen rotgelb lackierten Dieseltriebwagen, den ausschließlich für die Personenbeförderung vorgesehenen „Fliegenden Kyffhäuser“ in Dienst. Das brachte schnellere Fahrzeiten und eine Preissenkung. Viele Pendler und Touristen, die zum Kyffhäuser wollten, nutzten diese Bahnverbindung. Aus einer von dem Kelbraer Richard Rasehorn bis zum Betriebsjahr 1942/43 zusammengestellten Beförderungsstatistik lässt sich entnehmen, dass nach einem Rückgang in den 1930er-Jahren die Zahlen ständig stiegen. Besonders wirkten sich die Kriegsjahre aus. So betrug die Anzahl der beförderten Personen im Geschäftsjahr 1942/43 540.672 gegenüber 292.477 von 1939/40. Auch der Güterverkehr nahm zu. Die Ursache hierfür lag in der Rüstungsindustrie.

Ab 7. April 1945 wurde der Verkehr vorübergehend eingestellt und erst nach Aufbau einer gesprengten Unstrutbrücke am 1. November 1945 wieder aufgenommen. Am 1. April 1949 übernahm die Deutsche Reichsbahn die Kyffhäuser-Kleinbahn.

Um 1960 zogen Dampfloks der Baureihe 55 Züge mit jeweils zehn bis zwölf Güterwaggons. Das spektakulärste Unglück ereignete sich am Montag, dem 20. Februar 1961.

*Zugfahrt über die Mühlgrabenbrücke. Hier entgleiste am 20. Februar 1961 eine Diesellokomotive V 36 und stürzte in den Mühlgraben.*

In den Mittagsstunden hörte man in Kelbra die Nachricht von einem Zugunglück an der Brücke über den Mühlgraben. Der Postbedienstete Erich Hesse war an diesem Tag zu Hause und eilte zur Unglückstelle. Er erinnert sich: „Von dem planmäßigen Personenzug Zug Nr. 1508, Abfahrt Berga-Kelbra 13.22 Uhr, Ankunft Altendorf 13.30 Uhr, war auf der Brücke über den Mühlgraben kurz vor der Haltestelle Altendorf die Lok entgleist und kopfüber in den Graben gestürzt. Alle Waggons blieben dabei auf dem Gleis stehen, die Verbindung hatte sich selbst gelöst. Glück im Unglück hatten neben den vielen Fahrgästen auch der Lokführer Heinz Breitrück, der Beimann Günter Breitrück und der Passagier Kurt Hoffmann. Alle konnten rechtzeitig, bevor der Führerstand unter der Last der Lok zusammengedrückt wurde, heraus kriechen. Die Strecke war für einige Tage gesperrt und es gab Schienenersatzverkehr zwischen Berga und Kelbra. Zunächst erfolgte die Reparatur der zerstörten Gleise. Zusätzlich musste der Streckenabschnitt zwischen Berga und der Mühlgrabenbrücke für die Fahrt von zwei schweren Eisenbahndrehkränen EDK 50 verkehrssicher gemacht werden.“ Am Tag der Lokbergung war Erich Hesse mit seiner Kleinbildkamera wieder dabei, die er, unentdeckt von den vielen Offiziellen, unter dem offenen Mantel auf der Brust trug. „Off gut Glück droff gedrückt“, lautet sein Kommentar zu diesen Aufnahmen. Wieder auf das Gleis gestellt, zog eine Dampflok den einen Kran mit der angehängten Lok nach Berga. Als Unglücksursache wurde das marode Gleisbett vermutet. „Durch die morschen Holzschwellen hatte sich ein Gleis weggedrückt, und die Lok entgleiste“, erklärt Erich Hesse.

Wer in den letzten Betriebsjahren mit der Kyffhäuser-Kleinbahn reiste, musste sehr viel Zeit mitbringen. So dauerte eine Fahrt auf der 28,69 Kilometer langen Strecke rund anderthalb Stunden. Die Durchschnittsgeschwindigkeit von 20 Kilometern pro Stunde war mit einem Fahrrad auf jeden Fall zu schaffen. Der ungenügende Unterbau und das Kiesbett für die Schwellen waren verbraucht. Der Eisenbahner Friedrich Siemon brachte es 1966 auf den Punkt: „Schwellen und Oberbau sind so verlottert, dass nur noch mit fünf Kilometern pro Stunde gefahren werden konnte.“

Wenige Tage nach dem 50. Jubiläum der Teileröffnung kam am 5. Juni 1966 das endgültige Aus für die Kyffhäuser-Kleinbahn. An diesem Tag verließ der letzte Personenzug den Bahnhof Artern um 11.10 Uhr. Die Diesellok der Baureihe V 36 war mit Blumen geschmückt und auf allen Stationen bis Tilleda nahm man Abschied. Hier endete die letzte Fahrt. Die Strecke 185c Artern–Berga/Kelbra wurde aus den Fahrplänen gestrichen. Der damalige Verkehrsminister der DDR, Erwin Kramer, genehmigte mit Schreiben vom 15. März 1967 die Einstellung des Gesamtverkehrs auf dieser Strecke sowie deren Stilllegung und Abbau.

In den folgenden Jahren kam es zu einem Rückbau der Gleisanlagen. Die Bahnhofsgebäude wurden verkauft und zu Wohnzwecken umgebaut. Nicht allen sieht man heute noch ihre Vergangenheit an. In Sittendorf ist dagegen sogar der Schriftzug „Sittendorf Kyffh.“ erhalten geblieben.

Auf großen Abschnitten des ehemaligen Bahndammes im Landkreis Mansfeld-Südharz wurde im Rahmen von Arbeitsbeschaffungsmaßnahmen in den 1990er-Jahren ein Radwanderweg angelegt. Damit bleibt eine letzte Erinnerung an die Kyffhäuser-Kleinbahn.

Gegenwärtig arbeitet der Erfurter Tommy Pfennig an einer umfassenden Dokumentation über die Bahnstrecke.

# V. Roßla

## Von der Wasserburg zum Grafenschloss

Auf dem Terrain des heutigen klassizistischen Schlossbaues in Roßla vermuteten schon in den vergangenen Jahrhunderten der Heimatforscher Karl Meyer, der einheimische Chronist Eduard Günther und der Archäologe Professor Paul Grimm eine mittelalterliche Wasserburg. Aus zahlreichen Urkunden war bekannt, dass sich in Roßla ein niederes Adelsgeschlecht niedergelassen und nach dem Ort benannt hatte. So sind unter anderem aus dem Jahre 1119 ein Dietmar von Rosla, 1238 ein Friedrich von Rosla und 1315 ein Heinrich von Roßla überliefert.

Anhand von Inventarbeschreibungen aus den Jahren 1573, 1650 und 1679 lässt sich ein Bild dieser Wasserburg rekonstruieren. Die in den Inventaren als „Schloss" bezeichnete Anlage erstreckte sich im Bereich des heutigen Schlosses und des Vorplatzes in Richtung Palais. Sie lag auf einer kleinen Insel an einem Helmearm oder mitten in einem von der Helme gespeisten Teich. Der Zugang erfolgte aus östlicher Richtung über eine Brücke, die durch Tore und ein Wachhaus gesichert war. Hinter der Brücke über den äußeren Graben lag die Vorburg. Von dort führte eine weitere Brücke über einen Wassergraben in die Kernburg mit den Wohnbauten und dem Bergfried. Vom Turm der Sankt-Trinitatis-Kirche aus kann man im Gelände um das heutige Schloss noch Vertiefungen erkennen, die auf ehemalige wassergefüllte Gräben hinweisen. Im Bereich des Vorplatzes, vor dem heutigen Hauptportal, erstreckt sich eine weiträumige Erhebung, wo vermutlich die einstige Vorburg lag.

Letztes sichtbares Überbleibsel der Wasserburg ist der romanische Turm, der einstige Bergfried, im Schlosshof. Das exakte Quadermauerwerk ist nun von einer Putzschicht überdeckt, im Innern wurde völlig umgebaut.

Wer im 16. und 17. Jahrhundert in das Roßlaer Schloss bestellt wurde, hatte viele Tore zu passieren. Vor dem äußeren Graben stand neben dem Wachhäuschen ein Tor mit einer Pforte. Daran schlossen sich Palisaden an. Vor der ersten Brücke, die über den äußeren Graben führte, stand ein weiteres Tor. Der Graben muss ziemlich breit gewesen sein, denn die hintere Hälfte dieser Brücke war eine Zugbrücke. Im Inventar aus dem Jahre 1650 wurde sie als „alt" beschrieben und man hatte sie kurz vorher ausbessern müssen.

Am anderen Ufer, in der Vorburg, stand ein Torhaus. Dieses Tor, nunmehr das dritte, war aus Eichenbohlen und mit breiten Nägeln beschlagen. Linker Hand standen Ställe. Daneben führte eine Außentreppe in die alte Amtsstube. 1573 gab es darin einen alten grünen Kachelofen. Auf dem Boden stand ein eisenbeschlagener Kasten aus Eichenholz. Dazu ist vermerkt, dass er aus der Kirche „Unser lieben Frauen" stammt. Vermutlich existierte im Schloss auch eine Kapelle, erwähnt ist sie aber nicht. In der Torfahrt gab es 1573 eine Torwächterstube mit einem Bett, im Jahr 1650 Kammern für den Torwirt und den Gärtner.

Rechter Hand in der Vorburg stand die alte Schösserei (Schosser = Steuererheber). Im Inventar von 1679 sind neben einem alten Schrank ein Herd und eine kleine Schreibstube darin aufgeführt. In einem weiteren Raum hing an einem Ständer eine Fuß- und Hand-

*Der Schlosskomplex liegt im südlichen Ortsbereich an einem Nebenarm der Helme.*

schelle. Die Schösserei- und Kelterscheune waren mit Schiefern gedeckt. Darin lagerten Getreidevorräte, wahrscheinlich die Amtseinnahmen. 1573 sind noch eine strohgedeckte Kelterei und ein Malzhaus genannt. An der Hofseite hingen zwei lange Leitern und eine Feuerhacke. Das Malzhaus hatte drei Böden und einen Keller. 1679 stand es schon nicht mehr. Erwähnt ist in diesem Jahr noch ein neuer Taubenschlag auf Holzsäulen.

Diese Anlage ist bisher archäologisch noch nicht nachgewiesen. Mitte der 1970er-Jahre durchquerte ein Abwasserkanal das Terrain. Dabei stieß man auf alte Mauern, auch Knochen kamen ans Tageslicht. Näheres ist nicht mehr bekannt.

Von der Vorburg führte in westlicher Richtung eine steinerne Brücke in die Kernburg. Das Ufer war mit einer Ringmauer befestigt. Sie wurde im Jahre 1679 als alt bezeichnet und war an der Seite zur Dorfmühle hin (Südostecke) bereits ausgebessert worden. Der Eingang in das Torhaus war mit einem Holztor gesichert, das im Jahre 1679 dann fehlte: Die Gemeinde Roßla hatte es im Hirtenhaus verbaut. Die auch als Torweg bezeichnete Torfahrt war überwölbt. Von hier aus ging es sechs Stufen in den Weinkeller hinab. Am Ende des Torweges befand sich ein weiteres Holztor. Die Zapfenlöcher für die Torflügel entdeckte der Archäologe Holger Rode bei der baubegleitenden Grabung des Landesamtes für Archäologie im Jahre 1999.

Im Wohnbereich über der Torfahrt befand sich 1679 das sogenannte Kabinett. Von einem Gang aus gelangte man auch in die Schulstube, die hier nach dem Großbrand im Jahre 1656 eingerichtet worden war. Auf gleicher Höhe lagen die Amtsstube und die Küche mit einem Rauchfang und zwei eisernen Feuerböcken. Deren Fußboden bestand aus Backsteinen, eine steinerne „Gießrenne“ führte durch die Mauer in den Graben. Rechter Hand des Torhauses, in der Nordostecke, stand der Marstall mit einer Pforte in den Graben. Darüber befand sich eine über eine Außentreppe erreichbare Hofstube. An den Marstall schloss sich im Erdgeschoss das sogenannte Kreuzgewölbe, die Fleisch- und Käsekammer, an. Eine Bohlentür führte von hier aus in den Graben. Möglicherweise handelt es sich dabei um die noch heute im Nordflügel vorhandene Pforte. Dieses Kreuzgewölbe wurde bei den Bauarbeiten im Sommer 2005 wiederentdeckt. Der Bauforscher Frank Högg dokumentierte in diesem Bereich drei Fundamente, eine Pfeilerbasis sowie den Rest einer alten Pflasterung. Ungeklärt ist, ob der östliche Mauerzug schon die Ring- beziehungsweise Grabenmauer oder die Westwand des Marstalls ist. Die nördliche Außenwand des Nordflügels scheint im Erdgeschossbereich auf Grund ihrer Dicke und Lage zum noch erkennbaren Graben ebenfalls mittelalterlich zu sein, zumindest sitzt sie auf der Ringmauer auf.

Im Nordflügel des Schlosses gab es auch eine Rollkammer für die Wäsche, in der 1679 ein „Spanischer Mantel" abgestellt war. Dabei handelt es sich um einen engen eisernen Käfig mit Spitzen auf der Innenseite. Dieses Foltergerät gehörte schon 1573 zum Inventar und lag damals auf dem Boden der Badestube. Die genaue Lage der Badestube, des Darrhauses mit Malzdarre und Backofen sowie des Brauhauses ist nicht überliefert. Unter dem Darrhaus befand sich ein weiterer Weinkeller. Im Bierkeller lagerte im Jahre 1573 das Brauzubehör. Im Inventar des gleichen Jahres sind noch eine Kohlkammer und ein Kohlfasskeller aufgeführt.

Im ersten Stock befanden sich die Frauen- und Herrenzimmer. Der Vorraum dazu lag über dem Brauhaus. Dieser Gebäudeteil wurde 1573 auch als Herrenhaus bezeichnet. Von hier aus gelangte man in den neuen großen Saal, über dem der Pfaffenboden lag. Auf der Westseite, zur Rentkammer hin, standen vermutlich die bereits im Jahre 1679 abgebrochenen Schweineställe. Dort lag auch der zum Verteidigungssystem gehörige Zwinger. Von hier aus waren ungehinderte Sicht und freies Schussfeld gewährleistet. Ein Gemälde aus der Zeit vor dem klassizistischen Neubau zeigt in diesem Bereich noch einen Rundturm. Die Stärke der westlichen Ringmauer, die sich auch teilweise in

*Blick vom Kirchturm auf Schloss Roßla. Rechts im Bild die ehemalige Rentkammer.*

*Der Schlossturm ist in seinem Kern ein ehemaliger mittelalterlicher Bergfried. Er ist das letzte Überbleibsel der früheren Wasserburg.*

den Erdgeschossmauern südlich und nördlich der derzeitigen Tordurchfahrt fortsetzt, wurde vom Archäologen Holger Rode mit rund 1,80 Metern ermittelt.

Ein Gebäude in diesem Bereich wurde als „Lange Nacht" bezeichnet. Über eine Wendeltreppe gelangte man in die obere Etage und auf den Boden. Vom Boden aus konnte man auch in den Turm gelangen. Aus der Eckstube ging es weiter über ein Kämmerchen in die „rote Stube", deren Mobiliar und Fenster in roten Tönen gehalten war. Von hier führte eine Tür in den Vorsaal und von da ein Gang zur Amtsstube im Torhaus.

Die alten Inventare geben einen Brunnen als „mitten im Schlosshof liegend" an. Jener konnte 1999 auch nachgewiesen werden. Der Turm „in der Ecke am neuen Gebäude" hatte im Jahre 1679 keine Haube mehr. Bereits 1573 war das schiefergedeckte Dach baufällig und sollte „des Gefängnisses halber" wieder aufgebaut werden, da sich niemand wagte, hinaufzusteigen. Das Gefängnis muss sich demnach in luftiger Höhe befunden haben. 1650 heißt es: „Unter dem Turm sind zwei Keller, hier lagerten das Kraut, Rüben, Möhren und der Koffend, ein dünnes Bier."

Im Jahre 1682 wurde Roßla kurzzeitig Residenz. Christoph Ludwig Graf zu Stolberg ließ in den folgenden Jahren umfangreiche Bauarbeiten am Schloss ausführen. 1689 wurde auf der Westseite ein neues Gebäude errichtet, 1690 die Fahne auf den Schlossturm gesetzt. Im gleichen Jahr ließ er den Hofgarten vor dem Untertor des Dorfes (Richtung Osten) anlegen. Graf Christoph Ludwig kehrte aber nach Stolberg zurück.

Sein Sohn Jost Christian hielt im Jahre 1709 seinen Einzug. Er ließ die Bauarbeiten fortsetzen. Im Jahre 1715 wurde der Westflügel des Schlosses mit der heutigen Rentkammer durch eine „verdeckte Brücke" verbunden, „damit man aus selbigen trocken

*Der im klassizistischen Baustil errichtete Ostflügel mit dem Haupteingang.*

und bequem dahin gehen konnte." 1739 zogen die Komtessen dort ein. Außerdem waren die Bibliothek, die Kanzlei, das Konsistorium, die Kammer und das Amt dort eingerichtet.

Im April 1736 wurde mit dem Bau eines neuen Schlossgebäudes begonnen. Baumeister war ein Herr Hoffman aus Erfurt, der Bauverwalter ein Christian Schmitt. „Anfangs gab es einige Schwierigkeiten, bis das Wasser weggeschafft, der Grund aufgeräumt und aufs neue gestoßen werden konnte." Am 27. August 1736 legte Jost Christian Graf zu Stolberg-Roßla nach einem Festgottesdienst eigenhändig den Grundstein.

Damals legte man die Gräben und den Teich trocken und verfüllte sie. Wann die Vorburg und der Zugangsbereich beseitigt wurden, konnte bisher nicht ermittelt werden. Vermutlich geschah aber alles zu dieser Zeit und der Bauschutt diente zum Verfüllen der Gräben. Die durch den ehemaligen östlichen Grabenabschnitt hervorgerufenen Setzungen kann man noch heute in den Kellern des klassizistischen Ostflügels erkennen – die Fußböden zwischen den Kellermauern sind abgesackt.

## Vom Heimatmuseum zum „ohlen Huss"

Nicht in allen Orten der Goldenen Aue gab es so rührige Heimatforscher wie Adolf Spengler (1869–1961) in Sangerhausen oder Eduard Günther (1868–1949) in Roßla. Beide waren sich ähnlich in ihrem Sammeleifer. Mit großem Interesse widmeten sie sich einem damals ganz jungen Forschungszweig, der Archäologie, und bauten eine eigene Sammlung von „Altertümern" auf. Spenglers umfangreiche Sammlung ist heute im Spenglerhaus und im Spengler-Museum für die Öffentlichkeit zugänglich.

Für die Sammlung des gebürtigen Roßlaers Eduard Günther verlief die Entwicklung nicht so glücklich. Er stellte seine Funde zunächst im elterlichen Wohnhaus, dem ehemaligen Zollhaus, aus. Während des Ersten Weltkriegs rettete der private Klempnermeister aus den Metallablieferungen viele wertvolle Gegenstände aus Zinn vor dem Schmelztiegel. „Eduard Günther lieferte dafür die gleiche Menge Material aus seinem Betrieb ab", berichtet Jens Waschau.

Um 1930 beschloss die Gemeinde Roßla, im neuen Gemeindehaus auch ein Heimatmuseum einzurichten. Mit der Fertigstellung des sogenannten Braunen Hauses Ende der 1930er-Jahre wurde die Günther'sche Sammlung dort ausgestellt. Im September 1940 ehrte Landrat Dr. Kramer Herrn Günther mit der „Medaille für Volkspflege". In der Laudatio heißt es, „... dass er seit dem 14. Lebensjahr in unermüdlicher Kleinarbeit eine vorgeschichtliche Heimatsammlung zusammengetragen hat, die auch in Fachkreisen anerkannt ist." Zuvor hatte die Gemeinde Roßla die Sammlung erworben. Als Gegenleistung finanzierte sie den Neubau des Günther'schen Wohnhauses in der Halleschen Straße. Zu dieser Zeit war er Leiter der „Heimathalle" und Archivar der Gemeinde. Handschriftlich hatte er auch eine „Geschichte der Gemeinde Roßla" verfasst. Die Ausstellung überstand das Kriegsende mit einigen Verlusten und wurde später in das Schloss umgelagert. Günthers Gemeindechronik wurde leider nicht gedruckt. Am 15. Januar 1949 starb er.

Sein Nachfolger wurde der Malermeister Paul Schmölling. Im November 1953 meldete die Tagespresse, dass im Kulturhaus ein Heimatmuseum im Aufbau sei. Im Juni 1959 hieß es: „Das im ehemaligen Schloss Roßla entstandene Heimatmuseum wird im Einverständnis mit dem Ministerium für Kultur das erste Volkskundemuseum des Bezirkes Halle." Am 27. Mai 1962 wurde das Museum feierlich eingeweiht. Paul Schmölling erhielt die Goldene Ehrennadel des Nationalen Aufbauwerkes (NAW). Offizielle Leiterin war die damalige Kulturhauschefin Irmgard Günther.

Am 15. Februar 1972 beschlossen die Volksvertreter in Roßla, „das Museum in seiner jetzigen Form aufzulösen". Die Gegenstände blieben Eigentum der Gemeinde Roßla. Ein Kreistagsbeschluss legte fest, sie in das Spengler-Museum nach Sangerhausen zu überführen. Ein Teil davon gelangte später ins Allstedter Museum. In die Räume zogen die Gemeindebibliothek und das Trauzimmer ein. „Im Jahre 1991 fassten die Roßlaer Gemeinderäte den Beschluss, das Museum zu reaktivieren", erzählt Jens Waschau. „Eine Rückführung erfolgte aber nicht." Was noch in Roßla vorhanden war, integrierte der Heimat- und Schlossverein im „ohlen Huss" in eine neue Ausstellung.

Die mundartliche Bezeichnung „'s ohle Huss" steht für „das alte Haus". Das Gebäude in der Roßlaer Wilhelmstraße erlangte mit vielen Aktivitäten einen hohen Bekanntheitsgrad. So ist das betagte kleine Bauerngehöft aus dem 18. Jahrhundert eines der wenigen erhaltenen Fachwerkhäuser im Ort. An das mit einem Vorgarten versehene Wohnhaus schmiegt sich eine Scheune mit Kuhstall und Hochkeller an. Dazu kommt noch ein schmales Seitengebäude. Ein enger Hof mit Brunnen schließt das Grundstück ab.

Der Heimat- und Schlossverein Roßla e.V. sanierte und restaurierte „'s ohle Huss", um es der Nachwelt in seiner Ursprünglichkeit zu erhalten. Mit viel Elan, Eigeninitiative und Liebe zum Detail, unterstützt durch Spenden und Förderer, konnte es 2003 wieder zum Leben erweckt werden. Es ist heute ein lebendiges Museum, in dessen Inneren die Zeit sprichwörtlich stehen geblieben ist. Hier findet man noch eine offene

*Blick in einen Raum des Heimatmuseums im Schloss Roßla, um 1970. Die Tafeln wurden vom Sangerhäuser Kunstmaler Wilhelm Schmied gestaltet.*

*„'s ohle Huss“ in der Wilhelmstraße ist heute Museum und Begegnungsstätte zugleich. Eine kleine Ausstellung gibt Einblicke in die Geschichte des alten Roßla.*

Feuerstelle, Kachelöfen, alte Dielen-, Ziegel- und Estrichböden sowie Sichtfachwerk mit Wandmalereien.

Das Wohnhaus, in dem einst drei Generationen zusammenlebten, zeigt im unteren Bereich museale Ausstellungen. Ein Teil ist dem „Huss" gewidmet, ein anderer erinnert an Personen aus der Roßlaer Geschichte. Die Stube mit Butzenfenstern und Kachelofen demonstriert mit ihrer Möblierung die Wohnkultur vergangener Jahrhunderte. In der rustikal ausgebauten Scheune befindet sich ein Schaudach mit unterschiedlichen historischen Ziegeleindeckungen, ebenso eine Wand mit mehreren Ausmauertechniken, vom Weidengeflecht mit Lehmbewurf bis zum Ziegelmauerwerk.

In den Räumen finden regelmäßig Sonderausstellungen, Heimatabende, Dichterlesungen, Theater- und Musikdarbietungen, Vorträge und vieles mehr statt. Im gemütlichen Ambiente kann man bei einer Tasse Tee oder einem Glas Wein die Hektik des Tages vergessen. „'s ohle Huss" ist auch ein idealer Treffpunkt für Vereine und Familien. Das „Huss" lebt von wechselnden Angeboten und ist daher nicht mit einer herkömmlichen Heimatstube vergleichbar. Dennoch versucht der Verein, eine Vielzahl von Themen aufzugreifen, um auch der Regionalgeschichte gerecht zu werden.

### Jens Waschau

Eine Schloss- oder Ortsführung durch Roßla mit Jens Waschau sollten sich historisch Interessierte nicht entgehen lassen. Gelegenheit dazu gibt es zum Beispiel alljährlich am Tag des Offenen Denkmals im September oder auf Anfrage.

Trifft Waschau dabei auf „Gleichgesinnte", kann die Veranstaltung mitunter etwas länger dauern. Das umfangreiche Wissen, das Jens Waschau dann preisgibt, hat er sich im Laufe der Zeit beim Lesen historischer Bücher und Archivrecherchen angeeignet. Das geschichtliche Interesse an seinem Heimatort hat ihn im Jahre 1993 bewogen, mit Freunden zunächst eine Interessengemeinschaft zu gründen. 1997 ging daraus der Heimat- und Schlossverein Roßla e.V. hervor, dessen Vorsitzender er seitdem ist. Ein Hauptanliegen war und ist die Reaktivierung des einstigen Rosslaer Heimatmuseums. So war es auch selbstverständlich, dass nach Fertigstellung des Vereinsdomizils „ohles Huss" noch vorhandene historische Gegenstände hier eine neue Heimstatt fanden.

## 1848 – die Revolution kam bis nach Roßla

Die Schützenkompanie „Goldene Aue" 1848 in Roßla konnte im Jahre 2008 auf eine 160-jährige Geschichte zurückblicken. Damals fanden sich Männer zum Schutz des Ortes Roßla in einer Bürgerwehr zusammen. Heute gehen ihre Mitglieder einem Hobby nach.

„Ende März des Revolutionsjahres 1848 kam es auch in Roßla zu einigen Unruhen", erklärt Jens Waschau, Vorsitzender des Heimat- und Schlossvereins Roßla. Bei seinen heimatgeschichtlichen Forschungen war er auf eine Polizeiakte gestoßen, die über den „Aufruhr im März 1848" berichtet. Der damalige gräfliche Polizeirat Golde verfasste am 29. März einen ausführlichen Bericht „über die stattgefundenen Volksbewegungen". Darin führt er an, dass ein Gastwirt Schomburg aus Tilleda ihm am 27. März sagte: „Um ein Uhr wolle das Volk losbrechen." Golde befürchtete eine „Koalition der Dörfer zu einem gemeinsamen Sturm auf Roßla", dem Residenzort der damaligen Grafschaft Stolberg-Roßla. Am Abend des gleichen Tages trafen der Landrat Alfred Freiherr von Werthern und der Regierungsrat Freiherr von Gräter aus Merseburg in Roßla ein. Im Ort waren Patrouillen und Wachposten unterwegs. Unter ihnen Roßlaer Einwohner, die sich durch „rühmenswerten Eifer" hervortaten. Die Schützengilde war mit Munition versehen, die Bürgerschaft von Kelbra zur Hilfeleistung angefordert worden. Der Landrat beorderte eine Abteilung von 50 Mann der in Sangerhausen stationierten reitenden Artillerie nach Roßla.

„Am Morgen des 28. März war Roßla geschützt", schreibt Polizeirat Golde. Aus Kelbra und Altendorf waren Leute gekommen. Aus Hackpfüffel rückte Graf von Kalkreuth mit einer Mannschaft an, aus Wallhausen kam der Amtmann Lieberkühn mit Knechten und Arbeitern. „Aus Roßla war jeder kampffähige Mann bereit", so Golde in seinem Bericht.

Bereits am Vorabend hatten die Gemeinden Uftrungen und Dietersdorf die Breitunger aufgefordert, sich ihnen anzuschließen. Das lehnte aber deren Schulze ab. Hainrode soll Drebsdorf „unter Drohungen" veranlasst haben, mitzuziehen. Die Männer des

*Rings um das Schloss Roßla hatten am 28. März 1848 militärische Einheiten, bewaffnete Bürger und viele andere Freiwillige Stellung bezogen, um den Grafen Carl Martin zu Stolberg-Roßla zu schützen.*

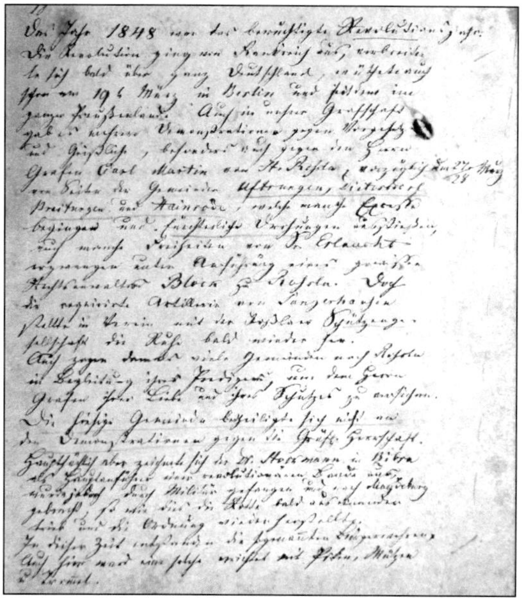

*In der Gemeindechronik von Dittichenrode sind die Ereignisse des Jahres 1848 in der Grafschaft Stolberg-Roßla aufgeschrieben.*

Ortes hatten den „verhassten Forstbeamten verjagt und das Forsthaus zerstört." Der Uftrunger Schulze erschien am Morgen des 28. März mit einer Deputation vor dem Schloss und verlangte, zum Grafen Carl Martin vorgelassen zu werden. Er brachte die Meldung mit, dass die Einwohnerschaft nachfolgt, „denn man hatte beim Weggange Sturm geläutet". Schon am Vorabend zertrümmerten sie Fenster und das Hoftor in der Försterwohnung. Gegen 10 Uhr marschierten sämtliche Männer von Uftrungen auf Roßla zu, unter ihnen sogar die Rittergutsbesitzer. Golde ritt ihnen entgegen und ermahnte sie zu Ordnung und Frieden, worauf sie mit der Deputation den Rückweg antraten. Sie hatten eine „befriedigende Resolution des Grafen" erhalten.

Gegen Mittag gab man im Ort Entwarnung. Das Militär zog wieder ab, auch die übrigen Hilfsmannschaften verließen Roßla. Nur die eigenen Verteidiger blieben auf den Beinen. Nachmittags gegen drei Uhr trafen dann die Dietersdorfer ein. Golde ritt ihnen entgegen und überzeugte sie, eine Deputation zu entsenden und nicht in den Ort einzuziehen. So wurde nach Goldes Bericht ein „Zusammentreffen mit den Verteidigern" vermieden.

„Der so ängstlich begonnene Tag endigte mit einem freudigen und versöhnenden Ereignis", heißt es weiter. Die Bennunger waren mit ihrem Pfarrer Rothmaler an der Spitze vor dem Schloss erschienen und brachten dem Grafen in einer Ansprache und einigen Chorälen ihren Dank dar. Gleiches geschah durch die Wickeröder am Morgen des 29. März. Damit war die Revolution zu Ende. Es folgten Einquartierungen von Militär in den einzelnen Orten. In Uftrungen rückten am 1. April eine Kompanie Infanterie und ein Schwadron Husaren mit 125 Pferden ein. In Roßla stationierte man zwei Kompanien des 32. Infanterieregimentes und eine Schwadron des 12. Husarenregimentes. Der Gräfliche Polizeirat Golde wurde von der Abteilung Inneres der Königlichen Regierung in Merseburg angewiesen, alle Personen, die sich an den Ruhestörungen,

*Der Roßlaer Schützenverein zum Kriegerfest im Jahre 1933.*

*Die nach der Wende in Roßla neu gegründete Schützenkompanie „Goldene Aue 1848" sieht sich als Nachfolger der im Jahre 1848 gebildeten Bürgerwehr.*

gefährlichen Drohungen und Misshandlungen beteiligt hatten, festzunehmen und eine Untersuchung einzuleiten. „Es gab die Empfehlung, die größte Schnelligkeit und Energie anzuwenden." In Uftrungen ließ Golde die „Anstifter" Johann Gropengießer und Friedrich Walter festnehmen. Bennungen bekam 117 Mann Husaren mit vier Offizieren und 119 Pferden und Wagen zur Einquartierung. Sie wurden aber nach Uftrungen und Breitungen verlegt. Am 8. April zogen 60 Mann Infanterie in Breitungen ein. Die Königliche Regierung in Merseburg ließ in den einzelnen Orten „Sicherheits- und Schutzvereine" bilden. In Roßla gründete sich eine Kompanie „Bürgerwehr", die aus 165 Mann bestand. Sie trugen einheitliche Mützen und bekamen im gleichen Jahr eine Fahne.

## Enthauptung vor dem Untertor

Auf dem Roßberg, an der Grenze zum Amt Kelbra, stand weithin sichtbar der Galgen. Die Enthauptungen vollzog man jedoch auf der Gebreite vor dem Untertor oder auf dem Bleichplatz vor der Schäferhütte.

Am 16. Mai 1670 wurde der Breitunger Kuhhirte Hanß Fincke hingerichtet. Er hatte sich des Ehebruches mit Catharine Busch aus Roßla, verheiratet mit Curt Busch, schuldig gemacht. Die Hinrichtung auf dem „Herrschaftlichen Gebreite" vor dem Untertor vollzog der Meister (Scharfrichter) aus Kelbra. Dazu heißt es in der Chronik: „Jener richtete ihn sehr schlecht, zweimal hieb er in den Hals und konnte den Kopf nicht herunterbringen. Ein junger Knecht aus Harzgerode riss dem Nachrichter das Schwert aus der Hand und hieb dem Delinquenten den Kopf ab. Der Körper wurde auf dem Kirchhof an der Seite begraben." Catharine Busch brachte am 22. November 1670 ein Mädchen zur Welt. Der damalige Pfarrer trug keinen Namen in das Geburtsregister ein, stellte aber zehn Paten auf.

Aus dem Jahre 1708 ist ein weiterer Fall überliefert. Am 17. September erfolgte die Enthauptung der wegen Kindesmords schuldig gesprochenen Maria Hasin. Ihre

*Vor dem Untertor in Roßla war eine Richtstätte. Zwischen 1670 und 1719 wurden hier drei Verurteilte enthauptet.*

Familie bezahlte zwei Taler für ein „Begräbnis ohne Sang und Klang auf dem Kirchhof an Gebsers Scheune". An gleicher Stelle wurde am 24. März 1719 Adam Feyerstab aus Bennungen nach vollzogener Hinrichtung begraben.

Für die Hinrichtung von Johann Christian Wehrenthal am 20. Juni 1741 holte man den Scharfrichter aus Sondershausen. Wehrenthal hatte bei Questenberg einen Menschen erschossen und „leugnete die Tat bis in den Tod". Da er katholisch war, begleitete ihn ein Nordhäuser Pater zu Richtstätte beim Schindanger. Seine Leiche wurde an Ort und Stelle verscharrt.

Die Enthauptungen vollzog man in dieser Zeit auf zweierlei Art. Geschah es mit einer Barte, musste der Verurteilte dazu den Kopf mit dem Gesicht auf einen Holzklotz legen. Ihm wurde die Barte auf den Nacken gesetzt und mit einem Schlag der Kopf abgetrennt. Bei der Enthauptung durch das Schwert musste die Person knien. Die Hinrichtung vollzog in jedem Fall ein Scharfrichter. Für Roßla ist kein solcher bekannt. Folglich wurde er angemietet. Die Kosten mussten alle Orte des Amtes Roßla gemeinsam tragen. Die Vollstreckungen wurden öffentlich und in der Regel unter großer Beteiligung der Bevölkerung vollzogen.

## Der „Karussellkönig" Hugo Haase

Im Roßlaer Grundstück Kyffhäuserstraße 12, früher Neue Straße, wohnte um 1900 für einige Jahre der berühmte „Karussellkönig" Hugo Haase. Heute ist das Haus unbewohnt und zeigt Verfallserscheinungen. Auch eine Erinnerungstafel sucht man vergebens.

Wie verschlug es diesen Mann nach Roßla? Hugo Haase, geboren am 1. Juni 1857 in Winsen an der Luhe, hatte als wandernder Schlossergeselle Marie Einecke, die Tochter des Kleinkarussellbesitzers G. Einecke aus Questenberg kennengelernt. Am 30. März 1887 schloss er mit ihr in Roßla den Bund der Ehe. Haase war zu dieser Zeit bereits selbstständiger Karussellbesitzer und unterhielt geschäftliche Beziehungen zum damaligen Bau- und Zimmermeister Fischer in Roßla, heute Hallesche Straße 5 und 6. Jener war auch Trauzeuge bei seiner Vermählung. Bei Fischer ließ Haase seine ersten eigenen Karussellkonstruktionen bauen.

Haase war für seine Zeit sehr innovativ. So setzte er auf Elektroenergie für den Karussellantrieb und die Beleuchtung. Außerdem entwickelte er eine Werbestrategie, die in den Grundzügen ihre Fortsetzung bis in die heutige Zeit gefunden hat. In Roßla entstand die erste elektrisch betriebene „Berg- und Thalbahn", die zum Oktoberfest 1892 auf dem Festplatz in München gezeigt wurde. Sogar Prinz Ludwig von Bayern soll sie besichtigt haben. Im Juni 1896, zur Einweihung des Kaiser-Wilhelm-Denkmals auf dem Kyffhäuser, baute Haase auf dem Festplatz in Roßla seine neuesten Attraktionen und Stände aller Art auf. Das erwartete Geschäft fiel im wahrsten Sinne des Wortes ins Wasser: Ein Unwetter vertrieb die Gäste schlagartig aus Roßla.

Die Entwicklung und der Bau von Fahrgeschäften in Roßla ging weiter und gelangte um die Jahrhundertwende zur größten Blüte. 1904 verzog Haase nach Leipzig. Im Jahre 1907 brach er seine Geschäftsbeziehungen zur Firma Fischer ab und wechselte zum Zimmermeister W. Mertens, der südlich des Roßlaer Bahnhofs ein großes Holzunternehmen betrieb. 1911 gründete er, bereits in Hannover lebend, eine Aktiengesellschaft, die Hugo Haase AG Hannover. 1918, nach dem Tod von Mertens, übernahm er dessen Geschäft

*Die sogenannte Schlange, ein Vorläufer der berühmten Achterbahn, wurde in der damaligen Roßlaer Baugesellschaft gebaut.*

*Bis zum Jahre 1904 wohnten Hugo und Marie Haase in Roßla im Grundstück Kyffhäuserstraße 12.*

und gründete die Baugesellschaft mbH Roßla am Harz. Die Inhaber waren Hugo Haase und der Roßlaer Kaufmann Ernst Götze. Zum Geschäftsführer wurde ein Richard Stopp aus Erfurt eingesetzt. Haupterwerbszweig war der Bau von Fahrgeschäften.

Seit 1909 wohnte der „Karussellkönig" Hugo Haase in Hannover. Er hatte sich dort im „Philosophenviertel" ein repräsentatives Haus bauen lassen, das im Volksmund die „Groschenvilla" genannt wurde. Die Geschäfte führten ihn aber immer wieder nach Roßla, sodass der persönliche Kontakt nie abriss.

„Hugo Haase hatte außerdem noch eine Vorliebe für Schützenvereine und förderte sie auf seine Weise", erklärt Jens Waschau. „Davon profitierte auch der Roßlaer Schützenverein und verlieh jedes Jahr die von ihm gestiftete Hugo-Haase-Medaille." Sie war aus Silber und zeigte Haase als älteren Mann in der Uniform eines Schützenbruders. Laut der Inschrift auf der Rückseite war sie dem besten Schützen gewidmet.

Haase war ständig auf der Suche nach Neuentwicklungen auf dem Fahrgeschäftsektor. So erwarb er aus Amerika die Lizenz für den Bau der „Figur 8-Bahn". Daraus entwickelte er später die zerlegbare Achterbahn. Nach Waschaus Recherchen entstanden davon allein zehn Stück in Roßla. Insgesamt wurden zwischen 1892 und 1939 bei Fischer und Mertens bzw. in der späteren Baugesellschaft über 150 Fahrgeschäfte aller Art, darunter die legendären Geister- und Tunnelbahnen, gefertigt. Auch die ersten Autoskooter und weitere Attraktionen wie die „Raketenfahrt zum Mond" und den „Zeppelin" baute man hier. Noch vor dem Ersten Weltkrieg entstand auf dem Betriebsgelände von Mertens eine große freitragende Montagehalle für den Karussellbau. 1914 waren in Roßla über 140 Personen im Karussellbau beschäftigt.

Im Jahre 1920, nach der alleinigen Übernahme der Baugesellschaft durch Haase, wurde der Roßlaer Karl Weckner Platzmeister. Viele Zimmerleute reisten mit den Fahrgeschäften durch Deutschland, einen großen Teil Europas und bis nach Amerika. Weckner hatte 1911 eine Stufenbahn im Vergnügungspark Coney Island mit aufgebaut. 1931 setzte Haase den Bauingenieur Erich Hartmann als Betriebsleiter in Roßla ein.

„Zu seinem 70. Geburtstag im Jahre 1927 erhielt Hugo Haase die Ehrenbürgerschaft von Roßla verliehen", berichtet Waschau weiter. Im Jahre 1933 vollendete sich das Leben Haases. Seine Frau Marie führte die Unternehmen zunächst weiter. Mit Kriegsbeginn 1939 erfolgte die Einstellung des Karussellbaus in Roßla, die Produktion wurde auf Barackenbau umgestellt. Zwischen 1958 und 1960 wurden die letzten zwei Achterbahnen für den damaligen VEB Zentralzirkus Berlin gebaut.

In Roßla erinnert heute eine Hugo-Haase-Straße an jenen Mann, der hier einst den Karussellbau begründet hatte.

## Feuer nach der Musterung

Unter „Androhung einer Strafe bei Nichterscheinen" hatte der Amtmann Daniel Wolff im Auftrag des Grafen Johann Martin zu Stolberg alle männlichen Untertanen der Amtsdörfer für Freitag, den 18. Juli 1656 zur Musterung nach Roßla befohlen. Sie bekamen Musketen ausgehändigt und exerzierten. Da ertönte an der Schaflücke plötzlich ein Schuss und in Fritz Arends Scheune brach gegen 11 Uhr Feuer aus. „Binnen drei Stunden wurden 80 Wohnhäuser, 50 Scheunen, viele Ställe samt Vieh und Pferden, die Kirche, Pfarre, Schule, Backhaus, Schenke, alle herrschaftlichen Gebäude außer

*Diese Holztafel trägt das Datum des Brandes und eine lateinische Inschrift. Sie stammt aus der wiederaufgebauten Kirche und gehörte früher zum Bestand des Roßlaer Heimatmuseums.*

dem Schloss durch die Glut verzehrt und in die Asche gelegt", heißt es in der Chronik. Zwei Menschen starben. Zu den Verletzten gehörte auch die Frau des Pfarrers Johann Parckin. Der Einwohner Cyriakus Schneidewind gab dem Stolberger Kapitän (Oberst) Kröpper, der mit den Leuten exerziert hatte, die Schuld am Brand und verletzte ihn mit seiner Muskete lebensgefährlich. Er wurde verhaftet und nach Kelbra gebracht.

Am nächsten Morgen wandte sich der Amtmann Wolff an den Grafen zu Stolberg und bat, „das etliche arme Leute mit ihren Kindern in das Amtshaus (Schloss) ziehen dürfen". Den Roßlaern fehlte es an Kleidung und Lebensmitteln, auch war kein Geld für den Arztlohn der Verletzten da. Schon am Brandabend hatten die Kelbraer dringend notwendige Nahrungsmittel nach Roßla geschafft. Johann Martin Graf zu Stolberg erließ am 25. Juli für die gesamte Graf- und Herrschaft den Befehl, „dass ein jeder nach seinem Vermögen dem alten Roßlaer Pfarrer und seinem beschädigten Weibe mit einer christlichen Beisteuer zu Hilfe kommt. Ebenso soll eifrig gebetet werden."

Gleichzeitig begann die Ermittlung der Brandursache. Nach einem später aufgesetzten Protokoll soll das Feuer bei Hans Stegmann ausgebrochen sein. Jener gab in der Vernehmung an: „Er wüsste nicht, wie das Feuer entstand, könnte auch keinem Schuld geben."

# VI. Bennungen

## Kirchweihfest im Revolutionsjahr 1848

Den letzten Ausschlag für einen Kirchenneubau in Bennungen gab es in der Adventszeit des Jahres 1845. Während eines Sturmes löste sich im Turm ein Stein und fiel zwischen die Gottesdienstbesucher. Bereits am 6. Januar 1846 besichtigte eine Gruppe unter der Leitung des Baurates Gustav Alexander Meyer aus Stolberg die Schäden und man kam zu der Überzeugung, dass „der Neubau einer Kirche zu Bennungen unbedingt notwendig sei“. Man entschied sich für eine spätklassizistische Bauform. Möglicherweise wurde diese durch den Baurat Meyer angeregt. Von ihm stammt auch der berühmte „Rote Saal“ im Stolberger Schloss.

Am 5. Mai 1847 fand die öffentliche Bauvergabe im Eberhardt'schen Gasthof statt. Der Bauverwalter Wolff aus Roßla erklärte sich bereit, den gesamten Bau für 15.450 Taler auszuführen. Es gab auch schon Abstriche am ursprünglichen Projekt. Anstelle einer in Kupferblech gedeckten Kuppel auf dem Turm wollten die Bennunger eine Pyramidenspitze. Das erhöhte zwar die Kosten, kam aber trotzdem zur Ausführung. Nicht gebaut wurden die geplanten Emporen in der Kirche. Ursprünglich sollten rund 600 Sitzplätze entstehen.

Für den Neubau wählte die Gemeinde den Dorfplatz mit der Mädchenschule aus. Hier sollte die neue Kirche stehen, um dem Ort eine schönere Ansicht zu verleihen. Am 17. Mai 1847 begannen die Abrissarbeiten am Organistenhaus, das zu diesem Zeitpunkt noch keine zehn Jahre alt war und rund 1.800 Taler gekostet hatte.

Das Ausschachten der Fundamente begann am 28. Mai 1847. Dabei stieß man auf zahlreiche Bestattungen, „deren Gebeine anderswo verscharrt wurden“, berichtet die Gemeindechronik. Rund zwei Meter tief ging man in die Erde. Im Juni stellte man fest, dass die Durchfahrt zwischen Pfarrhaus und Kirche ziemlich eng werden würde. Man untersuchte das Problem, stellte aber keine Abweichungen zum Bauplan fest.

Am 6. Juli fand die feierliche Grundsteinlegung statt. Dazu waren auch Karl Martin Graf zu Stolberg-Roßla, das Konsistorium, die Administratoren der Wilhelm-Stiftung und die Pastoren der Grafschaft zugegen. Für sie hatte man im künftigen Chor einen „Verschlag“ abgeteilt. Zum Höhepunkt der Feier band der Baumeister Wolff dem Grafen ein Schurzfell um und reichte ihm Kelle und Hammer. Jener warf eine Kelle Kalk auf den Stein und tat symbolisch die ersten drei Hammerschläge, was von allen anwesenden Repräsentanten wiederholt wurde. Danach setzten die Bauleute den Stein an Ort und Stelle ein. In den Grundstein wurden in einer Flasche drei Urkunden und mehrere Geldstücke eingelegt.

Im Folgejahr waren die Bauarbeiten pünktlich am Tag des alten Kirchweihfestes, Sonntag vor Michaelis (29. September), beendet. Eine für den Ort sehr große Kirche bildete jetzt den südlichen Abschluss des Dorfangers. Seither ragt der rund 40 Meter hohe Turm mit zwei Galerien weithin sichtbar in den Himmel der Goldenen Aue. Im Innern gliedert sich das geräumige Schiff in ein Haupt- und zwei Nebenschiffe, getragen von sieben hohen Säulen auf jeder Seite.

*Die 1848 abgebrochene alte Bennunger Kirche, gezeichnet von Carl Gebser im Jahre 1897. Auf den alten Grundmauern entstand das neue Organistenhaus.*

Am Sonntag, dem 25. September 1848 fand die Weihe des neuen Gotteshauses statt. Der Akt nahm seinen Anfang mit einem feierlichen Zug sämtlicher Gäste vom Pfarrhaus zur nur wenige Schritte entfernten, gegenüberliegenden Kirche. Vor dem Westeingang überreichte der Bauverwalter Wolff den Schlüssel an den Grafen Karl Martin zu Stolberg-Roßla. Jener gab ihn weiter an den Ortspfarrer Johann August Karl Rothmaler und forderte ihn auf, die Tür zu öffnen.

Alle geladenen Gäste nahmen im Gestühl Platz. Für die Behörden und Geistlichen aus der Grafschaft Stolberg-Roßla war der Altarraum reserviert. Die Weiherede hielt der Superintendent Zöllich, die anschließende Weihepredigt der Ortspfarrer Rothmaler. Er legte darin das Wort der Sonntagsepistel zugrunde.

Nach dem Weihegottesdienst ging der Zug zurück zum Pfarrhaus und löste sich dort auf. Zuvor nahm der Roßlaer Graf noch eine Parade der angetretenen Bürgerwehr ab. „Die Kirche war gut besucht an diesem Sonntag“, heißt es in der Pfarrchronik. „Es kamen über 2.000 Personen.“ Darunter müssen sehr viele Fremde gewesen sein. Bennungen hatte im Jahre 1848 laut Chronik 937 Einwohner, darunter 320 unter 14 Jahren.

Die Bennunger hatten sich auch vom gesamten alten Kircheninventar getrennt. Lediglich die zu diesem Zeitpunkt erst 23 Jahre alte Orgel nahm man mit in die neue Kirche. Gebaut hatte sie der in Bennungen ansässige Orgelbauer Scheidler. Für kurze Zeit tat auch noch der alte Taufstein seinen Dienst, den bei Eintreffen des neuen Steines aus Lodersleben ein Anwohner erwarb. Auch zwei neue Glocken hatte sich die Bennunger Gemeinde in Beneckenstein gießen lassen.

*Im September 1848 wurde die neue Sankt-Johannes-Kirche geweiht. Sie bildet den südlichen Abschluss des Dorfangers.*

Sämtliches altes Inventar wurde in zwei Auktionen am 18. Oktober und am 15. November 1849 meistbietend versteigert. Die Kanzel erstand der damalige Gemeindevorsteher Fritsche für zwölf Silbergroschen. Was aus dem Flügelaltar wurde, ist nicht überliefert.

## Der „Eisenhammer“ auf dem Ostermarkt

„Im Jahre 1481 erhielten die Stolberger Grafen eine Hütte bei Bennungen als Lehen“, heißt es in der Bennunger Chronik. Dabei handelt es sich um den heute als Eisenhüttenmühle bekannten Gebäudekomplex östlich des Ortes, am alten Leinelauf. In unmittelbarer Nähe liegt die Wüstung Bliedungen. Ob die zur Verhüttung von Eisenstein genutzte Hütte nun ursprünglich zu Bennungen oder Bliedungen gehörte, ist nicht überliefert. Die Holzkohlen karrte man auf der noch heuten bekannten „Kohlenstraße“ aus dem Raum Leinungen-Morungen heran. Wo die Schmelzöfen gestanden haben, ist nicht bekannt. Die Schlackenhalde lag auf der westlichen Seite der Leine und ist im Acker noch deutlich an der dunklen Verfärbung im Boden erkennbar.

Betrieben wurde die Hütte um 1500 vermutlich von der in Questenberg ansässigen Familie Knaut. Nach urkundlichen Überlieferungen belehnten am 3. Januar 1542 die Stolberger Grafen den Ritter Ulrich Knaut sowohl mit dem Gut und dem Gericht zum „Questenberge“ als auch mit einer „freien Hüttenstätte zu Bennungen“.

Fast 100 Jahre später, mitten im Dreißigjährigen Krieg, kaufte 1633 der Kursächsische Amtsverwalter Michael Tryller aus Sangerhausen von den in Nürnberg lebenden

*Östlich von Bennungen, am alten Leinelauf, liegt die frühere Eisenhüttenmühle. Bis vor rund 280 Jahren wurde hier bei Hohlstedt abgebautes Eisenerz verhüttet.*

Erben eines Hans Jacob auf dem Leipziger Ostermarkt „den Eisenhammer vor Bennungen". Der Zustand der Hütte war schlecht. Tryller wollte das Eisen „wohl verhandeln und den Hammer wieder auslasten". Am 1. August 1633 teilte er an Christoph Graf zu Stolberg mit, dass eine der Ursachen für den schlechten Verkauf darin liegt, dass in der Grafschaft das Eisen aus den Hütten der Herzöge von Braunschweig „verschmiedet" wird. Er wies ihn auf die Bedeutung der Bennunger Hütte für seine Grafschaft hin und verlangte von ihm ein Verbot für das „auswärtige Harzeisen".

Im Jahre 1653 heißt es in einem Schreiben an den Roßlaer Amtmann Daniel Molten, dass in der Eisenhütte ein „ungenehmigter Ausschank" betrieben würde. Die Gemeinde Bennungen hatte sich darüber beklagt. Der Graf zu Stolberg untersagte es und drohte Strafen an.

1657 kaufte der Generalfeldmarschall Ernst Albrecht von Eberstein auf Schloss Neuhaus bei Passbruch die Eisenhütte. Nach seinem Tode führte dessen jüngster Sohn Christian Ludwig die Geschäfte weiter. Der Hüttenbetrieb stand nach dem Dreißigjährigen Krieg in voller Blüte. Den Eintragungen im Bennunger Kirchenbuch kann man entnehmen, dass hier Hammer- und Hüttenschmiede, Aufgießer und Schmelzer, Vorschmelzer und Hüttenschreiber beschäftigt waren.

Im Mai 1696 verkaufte Christian von Eberstein die Schmelzhütte mit dem „dazugehörigen Eisensteinbergwerke" an den Sangerhäuser Bergvogt und Schösser Geyer. Jener veräußerte sie weiter an die Brüder Johann Jacob und Christoph Senff, ebenfalls aus Sangerhausen. Sie waren dem Grafen zu Stolberg noch im Jahre 1702 das Lehngeld und den Erbzins schuldig. So forderte jener sie am 12. Februar auf, zur Belehnung am 6. April in der Kanzlei zu erscheinen. Gleiches wiederholte er am 30. Mai und 3. Juli 1702. Der gräfliche Bote Gottfried Hermann konnte das Schreiben mit der Aufforderung aber nur dem Kohlenvogt übergeben, „da sonst niemand zugegen war".

*Westlich der Eisenhüttenmühle lag auf dem heutigen Acker eine große Schlackenhalde. Sie wurde im Jahre 1917 abgetragen und zur Mangangewinnung erneut eingeschmolzen.*

Im Jahre 1707 kaufte der Vorbesitzer Christian von Eberstein, Königlich-Polnischer und Kurfürstlich-Sächsischer sowie Fürstlich-Anhalt-Bernburgischer Oberaufseher, Oberberghauptmann, Obristwachtmeister und Oberforstmeister auf Gehofen, Neuhaus und Passbruch, Erb- und Gerichtsherr sowie Inhaber der Ämter Leinungen und Morungen, für 3.300 Taler „den Eisenhammer vor Bennungen nebst der dort befindlichen Hütte und den Eisensteinbergwerken im Amt Sangerhausen" wieder zurück.

Schon 1737 wurde aber ein Müllermeister Friedrich Penold genannt, der für die Hütte eine jährliche Pacht von 100 Talern an die von Eberstein zahlte. Vermutlich war der Hüttenbetrieb zu dieser Zeit bereits eingestellt. Als 1816 das Königreich Preußen die Landesherrschaft über die Grafschaft Stolberg-Roßla übernahm, beantragte Wolf Freiherr von Eberstein die erneute Belehnung mit dem Eisenhammer bei Bennungen. Das Oberlandesgericht stellte daraufhin fest, „dass der vormalige Eisenhammer schon längst in eine Mühle verwandelt und das Eisensteinbergwerk aufgelassen war".

Ein Friedrich Ernst Ortmann verkaufte am 18. September 1840 die „Ölmühle unweit von Bennungen in dem eingegangenen Eisenhammer" für 1.200 Taler an den Müller August Christian Jahr. Am 1. Juni 1849 erwarb der in Bennungen ansässige Müllermeister Johann Carl Nebe die Mühle nebst Zubehör für 3.430 Taler von ihm. Nebe beantragte im gleichen Jahr den Einbau eines Graupenganges. 1850 erhielt er von der Königlichen Regierung dazu den Erlaubnisschein. Ab 1859 übernahm sein Sohn Carl Andreas die Mühle, der sie 1905 wiederum an seinen Sohn, den Müllermeister August Siegmund Reinhold Nebe, weitergab. Während des Ersten Weltkrieges verkaufte Familie Nebe die westlich der Mühle liegende Schlackenhalde nach Hamm in Westfalen. Die Schlacke wurde nochmals verhüttet, um das darin enthaltene Mangan zu gewinnen. Damit verschwand die letzte sichtbare Erinnerung an die Eisenhütte.

Siegmund Nebe betrieb die Mühle über 40 Jahre. Als er 1947 starb, führte sein Schwiegersohn, der Landwirt Walter Gebser sen., das Geschäft weiter. Zu dieser Zeit waren vier Mahlgänge in Betrieb. Mit dem Eintritt in die Landwirtschaftliche Produktionsgenossenschaft (LPG) kam das Aus für den Familienbetrieb. 1963 wurde das letzte Mehl gemahlen. Nur ein Schrotgang blieb noch bis einen Tag vor Weihnachten 1964 in Betrieb. Im gleichen Jahr bekam die Mühle auch einen Anschluss an das öffentliche Stromnetz. Bis dahin hatte ein Wasserrad einen kleinen Generator, 1 PS 110 Volt, angetrieben. „Angeschlossen war eine Lampe in der Stube. Für mehr Leistung reichte die Kraft nicht aus. Wenn im Winter die Leine vereist war, kam eine Batterie zum Einsatz", erinnert sich Walter Gebser jun.

Im Sommer des Jahres 1966 hätten Dreharbeiten fast das Aus für die Mühle bedeutet. Die damalige Filmgesellschaft DEFA drehte hier eine Szene für die Filmserie „Hannes Scharf". Vorgesehen war, das Wohnhaus für den Film in Flammen aufgehen zu lassen. Es kam aber nicht soweit.

1974 baute die Familie Gebser das Wasserrad ab. Der Zahn der Zeit hatte es zerstört. Auch der Mühlgraben wurde abgedämmt. So fließt die Leine heute nur noch östlich am Grundstück vorbei.

1993 stand die Mühle am Tag des offenen Denkmals erstmals interessierten Besuchern offen. Rund 200 Personen nutzten damals die Gelegenheit einer Besichtigung. Am 18. Januar 2007 beschädigte der Orkan Kyrill das Wohnhaus schwer. Die Schäden wurden im Sommer des gleichen Jahres komplett behoben.

## Kirmes seit 1515

Vor rund 500 Jahren hatte der 14. September, der Tag Exaltatio Crucis, in Bennungen eine große Bedeutung. Am darauffolgenden Sonntag feierte man die Kirmes und es tagte das Dorfgericht.

Ein für die Brüder Curth und Heynrich Barth ausgestellter Lehnbrief aus dem Jahre 1515 nennt erstmals eine Kirmes zu Bennungen. So heißt es darin: „Auf ihr bittliches Ansuchen hatte Botho Graf zu Stalberg und Wernigerode sie mit einem rechten Mannlehen ausgestattet, mit Gütern und der Herrschaft mit einem feinen Hof, vier Hufen Landes, einem freien Haus und einem Hopfenberg zu Wickerode, das Halsgericht auf der Kermesse zu Bennungen." Damit liegt der bisher älteste urkundliche Nachweis einer Kirmes in der Goldenen Aue vor.

Die Gerichtsherren waren der Graf zu Stolberg und Heinrich Bardt, der Besitzer des Rittergutes. Ein Richter und zwei Schöffen befassten sich an diesem Tag mit geringen Verstößen gegen die Dorfeinung (nach heutigem Verständnis eine Art Orts- oder Gemeindestatut) wie Sonntagsarbeit oder Nichteinhaltung der Kehrpflicht auf den Straßen. Der Richter stellte die Frage, wer unerlaubt Steine, Holz, Fässer oder ähnliches in den Gassen liegen hatte. Die Schuldigen wurden verurteilt und mussten ein Bußgeld in Höhe von 28 Pfennigen an jeden Richter und weitere sechs Pfennige an ihre Nachbarn entrichten. Wer zur Kirmes Wein oder Bier verkaufen wollte, der musste „ein Stübichen" davon den Gerichtsherren geben. Übrigens hatte jeder Bennunger Einwohner die Pflicht, vor diesem Gericht zu erscheinen und „es zu verehren". War er zu arm oder hatte man ihm die „Kermeßgänse" aufgegessen, so musste er solches dem Gericht anzeigen.

*Eine der ältesten Aufnahmen vom traditionellen Kirmesumzug in Bennungen zu Beginn der 1920er-Jahre. Er fand am Dienstag, dem dritten Kirmestag statt.*

*Kirmesumzug im Jahre 2007. Die Erbsbären gehören jedes Mal dazu.*

Im Jahre 1696 verurteilten die Richter Larius Heyer zu 14 Pfennigen Strafe, da er „zu spät“ kam. Gar nicht erschienen waren Andreas Heyroth, Hans Heinrich Leisenberg und Hans Sachse. Ihr Bußgeld betrug je 28 Pfennige. Hans Sachse hatte außerdem am Sonntag zuvor beim Hüten Schaden angerichtet, was ihm einen weiteren Gulden kostete.

Das Rüge- und Kirmesgericht lässt sich in Bennungen über viele Jahrhunderte hinweg verfolgen. Erst nach der Teilung der Grafschaft Stolberg in die Linien Stolberg-Roßla und Stolberg-Stolberg (1706) wurde das Gericht nicht mehr regelmäßig gehegt. In der ersten Hälfte des 18. Jahrhunderts versuchten die damaligen Inhaber des Bennunger Rittergutes, die Familie von Schneidewind, diesen Brauch wieder aufleben zu lassen. Man setzte den Badstubeninhaber als Richter ein. Jedoch der Erfolg blieb aus, sodass das Gericht im Laufe der Jahrhunderte in Vergessenheit geriet. Die Bennunger Kirmesjugend nahm sich dieser Angelegenheit erstmals im Jahre 2006 an. Seitdem tagt das Gericht wieder, wobei echte „Verstöße“ zur Verhandlung kommen.

Eine lange Tradition haben die Umzüge zur Bennunger Kirmes. In den Chroniken ist aber vermerkt, dass Pfarrer und Lehrer nicht unbedingt dafür waren. So berichtet der Kantor Rudolf Möricke in seiner Schulchronik im Jahre 1898: „Auch am dritten Kirmestag ist es hier leider Sitte, allerhand Narrenpossen und Affereien zu treiben, zum Beispiel gibt sich ein Bursche dazu her, sich als so genannter Erbsbär im Dorfe umherführen zu lassen.“ Die ältesten Umzugsbilder stammen aus den 1920er-Jahren. Sie zeigen eine militärisch gekleidete Kapelle, mehrere Erbsbären und kostümierte Jugendliche mit Gesichtsmaske.

Die Schulkinder bekamen wegen des Kirchweihfestes sogar Ferien. Diese begannen am Sonnabend vor dem Fest und dauerten bis einschließlich Dienstag, den dritten Kirmestag. Traditionell gab es in Bennungen an diesem Sonntag auch den ersten Gänsebraten des Jahres.

## Das Hospital „Zur Heiligen Dreifaltigkeit“

Nur wenigen Passanten auf der Hauptstraße in Bennungen fällt das zurückgesetzte Haus mit der Bildtafel auf: Erdgeschoss aus Bruchsteinmauerwerk, Obergeschoss aus Fachwerk, den Abschluss bildet ein Krüppelwalmdach. Bei dem Gebäude handelt es sich um das einstige Hospital „Zur Heiligen Dreifaltigkeit“.

Als Bodo Graf zu Stolberg-Roßla am 26. Juni 1748 den Grundstein für diesen Neubau legte, sah es in Bennungen noch ganz anders aus. Dem Bauplatz an der Durchgangsstraße außerhalb der Ortslage stand seit 1718 der Gasthof „Zum Schwarzen Löwen“ gegenüber. Über eine Brücke gelangte man durch das Obertor in den Ort, der von einem offenen Wassergraben umgeben war.

Bei der Grundsteinlegung waren der Pfarrer Christian Günther Brehme, der Kantor Christian Albert Hoffmann, der Organist Johann Jakob Tullius sowie die Kirchenvorsteher, der Schultheiß und die Vormundschaft des Hospitals anwesend. Ob eine größere Feier stattfand, ist nicht überliefert. Der Neubau war im Dezember des gleichen Jahres bezugsfertig. Die gesamten Kosten hatte laut Chronik das Grafenhaus übernommen.

Die Geschichte der Hospitäler reicht bis ins Mittelalter zurück. Sie lagen immer außerhalb der Siedlungen und boten den Vorüberziehenden eine Unterkunft und bei

*Am 16. Juni 1748 wurde der Grundstein für das neue Hospital in Bennungen gelegt.*

Krankheiten eine Pflege- und Isolierstation. In der Folge wurden auch pflegebedürftige Personen aus den umliegenden Orten unter bestimmten Voraussetzungen aufgenommen und konnten hier ihren Lebensabend verbringen. Die Verwaltung und Betreuung lag ausschließlich in den Händen der Kirche.

Zur Fertigstellung lag auch eine neue Hospitalordnung vor. Darin war festgelegt, dass jede aufgenommene Person zehn Taler Eintrittsgeld zu entrichten hatte. Dafür waren Unterkunft und Verpflegung frei. Die Anmeldung musste beim Pfarrer erfolgen, auch war ein Attest des Schultheißen erforderlich. Zum Hospitalvorsteher wurde der jeweilige Organist bestimmt, ihm oblag die kaufmännische Verwaltung, die Oberaufsicht hatte der Pfarrer. Für jede neu aufgenommene Person erhielten der Pfarrer und der Vorsteher je einen halben Gulden, der Schultheiß fünf Groschen drei Pfennige. Dem ältesten Insassen wurde die Hausaufsicht übertragen, er hatte jeden Verstoß dem Pfarrer zu melden. Er teilte auch die eingesammelten Almosen unter den Bewohnern gleichmäßig auf. Wer sich von den Insassen weigerte, mit der verschlossenen Büchse Geld zu sammeln oder dabei nachlässig war, wurde von der Teilung danach ausgeschlossen. Jeden Morgen und jeden Abend um sechs Uhr mussten sich alle zum gemeinsamen Gebet versammeln. Wer dem ohne triftigen Grund fernblieb, wurde bei der Aufteilung der täglichen Portionen nicht mit berücksichtigt.

Außerhalb des Hauses war auf einem Pfahl eine verschlossene Büchse angebracht. Mit der Inschrift „Wanderer vergiß der Armen nicht" forderte man von den Vorüberziehenden eine Spende zum Wohle der Insassen. Außerdem zog der sogenannte Klingelmann durch die umliegenden Orte und sammelte ebenfalls Spenden ein.

*Dieses Kreuzigungsrelief ist auf der Straßenseite des neuen Hospitals angebracht.*

Im Jahre 1871 erhöhte der Vorstand das Eintrittsgeld auf 100 Mark. Die Zahl der Insassen wurde auf zehn begrenzt. Auch die Verpflegung nahm man in das neue Statut auf. So standen jetzt jedem Insassen einmal wöchentlich ein halbes Pfund Fleisch und ein Brot zu. Außerdem gab es noch 25 Pfennige Bargeld zur freien Verfügung. In der Inflationszeit ging das gesamte Kapitalvermögen verlustig. Die Einrichtung finanzierte sich nur noch über Kredite und Unterstützungen. Im Jahre 1984 wurde das Hospital von der Kirchengemeinde verkauft.

# VII. Dittichenrode

## Die letzte Kalkhütte

Bis in das Jahr 1652 lässt sich die Geschichte der einstigen Kalkhütte „Im Grund“ bei Dittichenrode zurückverfolgen. In einem Landsteuerregister aus jenem Jahr steht geschrieben „bei der Kalkhütten“. „Im Jahre 1671“, berichtet die Chronik, „gab es auch einen Ziegelofen, aber alles ist wüst.“ 1673 wohnte hier der Ziegelstreicher Michel Förster, 1674 der Kalkbrenner Michael Forst. 1688 wurde die Kalk- und Ziegelhütte für drei Jahre „auf Wiederkauf“ an Gottfried Christian Leyer verkauft. Sie war zu diesem Zeitpunkt stark heruntergewirtschaftet. Für 51 Taler entstand 1700 eine neue Hütte. 1709 sind in einer Inventarbeschreibung ein „ganz neuer Ziegelofen und ein guter Kalkofen, oben mit einem Dach“, aufgelistet. Auch eine Mühle mit Mahlstein ist erwähnt. Im gleichen Jahr wurde vertraglich geregelt, dass der Stolberger Graf alle Einnahmen aus dieser Kalkhütte an seinen Kanzleidirektor Dr. Huldreich Rothmaler abgibt.

1714 verpachtete Rothmaler die Kalkhütte für jährlich 50 Taler an Christoph Berghoff aus Dittichenrode. In dem Vertrag ist auch die „Freischenke“ mit erwähnt. Sie war damals als „berüchtigte Bergschenke“ weithin bekannt. Christoph Berghoff und sein 12-jähriger Sohn Gunther verunglückten ein Jahr später tödlich beim „Einfall des Gipsberges“. 1742 brannte Johann Philip Täubert hier Kalk, 1786 Andreas Matthaus, 1826 Johann Heinrich Andreas Ringleb und 1839 Johann Heinrich Andreas Kieling. Ihnen folgten laut Eintragungen in den Kirchenbüchern 1842 Johann Georg Wilhelm Heseler und 1856 Johann Christian Gottfried Döring aus Wolfsberg. 1874 kam Karl Hach mit seiner Familie aus Apolda nach Dittichenrode. Er pachtete die gräfliche Kalkhütte, den Gipssteinbruch und die umgebenden Ländereien. Neben der Arbeit in der Landwirtschaft wurde Gips gebrannt. Das ging bis zum Jahre 1932. Aus gesundheitlichen Gründen gab Karl Hachs Sohn Ferdinand das Gipsbrennen damals auf. Von da ab wurde nur noch Landwirtschaft betrieben. Die Gipsöfen nutzte man als Speicher, ebenso die Mühle. Es gab keinen Stromanschluss und kein Telefon, man benutzte Petroleumlampen und Wachskerzen.

Nach dem Zweiten Weltkrieg wurde Elisabeth Hach mit ihren Kindern Dora und Hans durch die Bodenreform neue Eigentümerin. Am 6. November 1946 brannte die Feldscheune ab. Von Dittichenrode aus rückte die Feuerwehr mit einer Handspritze an. Das Wohnhaus konnte noch gerettet werden. Die Ernte war vollständig vernichtet. „Die Ursachen wurden nie ermittelt“, erklärt Hans Hach. „Der Landwirtschaftsbetrieb hielt sich nach dieser schweren Einbuße noch bis 1952 über Wasser. Dann kam das endgültige Aus.“ Elisabeth Hach musste das Anwesen aufgeben. Sie konnte das staatlich auferlegte Abgabesoll nicht erfüllen. Damit kam das Grundstück zurück in den sogenannten Bodenfonds. Die Familie Hach zog nach Dittichenrode. Nur die persönlichen Sachen durften mitgenommen werden. Im Jahre 1958 schlug die letzte Stunde für das Anwesen. Die Gemeinde Dittichenrode verfügte den Abriss der jahrhundertealten Gebäude. „Die Bruchsteine wurden in Roßla zum Bau der Viehsammelstelle gegenüber dem Bahnhof verwendet. Das Holz nahm teilweise Siegfried Aull in Dittichenrode und baute eine Scheune daraus“, erinnert sich Hans Hach. „Nur die Grundmauern sind in der Erde geblieben.“

*Die Kalkhütte im Grund von Dittichenrode vor dem Brand der Scheune. Die Gebäude im Vordergrund wurden im Jahre 1958 vollständig abgerissen. In dem dahinter liegenden Steinbruch baute man den Gips ab.*

*Die Mühle in der Kalkhütte. Mit einem Waidstein wurden die Brocken zerkleinert und anschließend ausgesiebt.*

*Eine der beiden Brennkammern des Gipsofens. Die Mauern sind in einem sehr schlechten Zustand.*

Verarbeitet hat man den im nahen Kalkberg abgebauten Gips. „Das Rohgestein wurde mit Dynamit aus der Wand gesprengt und mit Spaltkeilen und großen Hämmern zerkleinert“, erklärt Hans Hach. Mit Schubkarren wurden die Steine zu den beiden Brennkammern gefahren und diese von oben gefüllt. Abwechselnd kamen eine Lage dürres Wellholz (Schwarzdorn, Schlehe) und Gipsbrocken hinein. Jede der beiden Kammern fasste 36 Tonnen. Während der 72-stündigen Brenndauer musste ständig kontrolliert werden. Die Leerung erfolgte durch eine Pforte auf der Südseite. Mit einer Schubkarre wurde der gebrannte Gips in die gegenüberliegende Kalkmühle gefahren. Ein Pferd drehte hier den Kollergang mit dem großen Mahlstein. Waren die Stücke klein genug, wurden sie gesiebt. „Mit einem zweispännigen Wagen fuhr Ferdinand Hach dann bis in den Harz nach Straßberg oder in die Dörfer der Goldenen Aue und verkaufte den Gips“, erzählt Hans Hach. „Er wurde zum Mauern und Dachdecken verwendet.“

Noch heute sind die Ruinen der beiden ursprünglich mit einer Mauer umgebenen Brennkammern sichtbar. Ein Dach schützte vor Regengüssen. Vom Schornstein sind nur noch die Grundmauern zu sehen. Zwischen den Brennkammern ist in der Mauer ein Backofen eingelassen. „Hier wurde Brot gebacken“, sagt Hans Hach. Etwas abseits steht im dichten Unterholz noch ein kleiner Rundofen, in dem vermutlich die Ziegel gebrannt wurden. Er war aber schon zu Hachs Zeiten nicht mehr in Betrieb.

In den 1990er-Jahren erkannte man bereits den Seltenheitswert der Anlage und wollte im Grund ein Gipsmuseum einrichten. Immerhin handelt es sich dabei um die letzten historischen Gipsbrennöfen in der Region. Aus dem Vorhaben wurde jedoch nichts. Gegenwärtig gibt es neue Überlegungen, im Rahmen eines Wanderstützpunktes in Dittichenrode diese inzwischen denkmalgeschützte Anlage wieder sichtbar zu machen und zu beschildern.

## Die Dorfkirche „Sankt Annen und Marien"

Die kleine Dorfkirche „Sankt Annen und Marien" in Dittichenrode hat, wie viele Sakralbauten in der Goldenen Aue, eine lange Geschichte. Auch hier gab es schon einen Vorgängerbau, von dem aber bis auf einige wiederverwendete Bauteile in den Außenwänden kaum noch Spuren vorhanden sind. Im Jahre 1999 kamen bei den ersten Sicherungsarbeiten für den Wiederaufbau des Chores die Fundamente der ältesten Chorwand, ebenfalls in halbierter Achteckform, zum Vorschein. Dazu entdeckte der Archäologe Olaf Kürbis im Fundamentbereich noch Bruchstücke von Ziegeln und Glasscherben. Damit ergaben sich völlig neue Fragen zum Alter der Kirche.

Die schriftlichen Hinweise in den Akten des Pfarrarchivs sind rar. Lediglich die alten Kirchrechnungen enthalten Ausgabeposten für Bauarbeiten. Leider ist aber nicht immer angegeben, ob für das Pfarrhaus, die Schule oder die Kirche. In den Jahren 1624 und 1625 erfolgten umfangreiche Arbeiten am Westturm. Es wurden 54 Gulden 19 Groschen für Kalk ausgegeben, die Steinbrecher bekamen 30 Gulden 18 Groschen und die Maurer erhielten für ihre Arbeit weitere 123 Gulden 15 Groschen an Lohn. Aus der Größenordnung dieser Posten lässt sich schlussfolgern, dass der Turm damals vollständig erneuert wurde. Dazu würden zeitlich auch das schöne Portal mit der „Diamantschnittlaibung" im Renaissancestil auf der Südseite und die Segmentbogenfenster in den einzelnen Turmgeschossen passen.

Im Jahre 1615 ließ die Gemeinde in Erfurt für insgesamt 313 Gulden eine neue Glocke gießen. Dieselbe Glocke wurde 1653, diesmal in Nordhausen, umgegossen. Sie existiert heute nicht mehr. Dafür hängen in der Glockenstube eine sehr alte undatierte Glocke und eine weitere, als Läuteglocke genutzte mit der Inschrift: „Anno dm m cccc lxxx hilf got maria berat".

Das heutige Fachwerkglockengeschoss mit dem Querwalmdach wurde von 1671 bis 1673 neu aufgesetzt. Es trägt auch in der Schwelle auf der Südseite außer der Jahreszahl 1673 die Initialen D.I.C.P. (Dominus Joseph Coquus Parocus), V.G. (Valtin Gießler), H.O. (Hannß Otte), B.O. (Barthel Otte) und Mate.H.B.Z. (Matthes Hanß Bindel Zimmermann).

Näheres dazu konnte aus den Kirchrechnungen ermittelt werden. Penibel hatte einst der Kirchenrechnungsführer jede Ausgabe bei den Arbeiten aufgeführt. So erhielten die Arbeiter beim Abriss des alten Daches für drei Groschen Bier ausgeschenkt. Das Richtfest dauerte fünf Tage lang und es gab Bier für über drei Gulden. Der Zimmermann Matthes Bindel bekam für „den neuen Turm", womit nur das Fachwerkgeschoss und das Turmdach gemeint sein können, an Arbeitslohn 28 Gulden und 17 Groschen. Den neuen Glockenstuhl fertigte er für weitere 17 Gulden und 15 Groschen. Das Turmdach wurde mit Schiefern gedeckt, wofür man 1676 noch eine Rechnung begleichen musste.

Zwei Jahre später wurden die Emporen im Schiff eingebaut. Viele Kosten verursachte die Orgel, an ihr waren jedes Jahr Arbeiten notwendig. 1699 wurde sie um mehrere Stimmen erweitert, der Orgelbaumeister Papenius aus Nordhausen erhielt dafür 38 Gulden Lohn. Damit besaß Dittichenrode ein Instrument aus der Werkstatt dieses regional sehr bedeutenden Meisters.

Von 1701 bis 1703 folgten der Neubau der Südwand des Schiffes, des Daches und vermutlich die Erweiterung des Chores. Wegen des sumpfigen Grundes setzte man die

Die kleine Dorfkirche „Sankt Annen und Marien“ in Dittichenrode, um 1900.

Im September 2008 wurde nach rund zehnjährigem Wiederaufbau mit einem Festgottesdienst die Wiedereinweihung gefeiert.

*Das im Jahre 1673 neu aufgebaute Glockengeschoss. Die Läuteglocke trägt eine Inschrift und die Jahreszahl 1480.*

neue Mauer vor die alte Wand auf in den Boden geschlagene Eichenpfähle von „12 jungen Eichen“. Die Werkstücke für die Fenster fertigte ein Steinmetz in Tilleda an. In die Mauer baute man auch Reste von romanischen Fenstern mit ein. Ihre Herkunft ist allerdings unbekannt.

Das zum Bau verwendete Tannenholz holten die Fuhrleute aus Appenrode und Straßberg. Das Eichenholz lieferten die heimischen Wälder. Die Maurerarbeiten führte ein Christoff Königroth von Roßla, die Zimmerarbeiten Meister Lorenz Knuth aus Breitungen und die Dacharbeiten Meister Bormann von Stolberg aus.

Die nördliche Außenwand, deren Entstehungsdatum ungeklärt ist, erfuhr keine Erneuerung. Bei einem Probeschnitt stellte man fest, dass das Fundament kaum in den Boden eingetieft ist. Der Archäologe konnte allerdings noch eine frühere Fundamentgrube feststellen und einzelne mittelalterliche Scherben bergen. An ihrem östlichen Ende kann man den Ansatz des 1701 mit abgebrochenen Triumphbogens erkennen.

Finanziert wurde der Bau durch Eigenmittel, Kollekten und Almosensammlungen in der Stolberger Grafschaft sowie eine Anleihe bei der Frau Wägerin. Dazu kommen noch freiwillige Gaben von 43 Einwohnern in Höhe von rund zehn Gulden. Das gesamte Kapital für den Bau betrug 345 Gulden 15 Groschen 10 Pfennige. Ausgegeben wurden davon laut Schlussrechnung 308 Gulden 17 Groschen 6 Pfennige.

Der Zahn der Zeit hatte seine Spuren an der Kirche hinterlassen. Fast bis auf die Außenmauern eingestürzt, schien es nur eine Frage der Zeit bis zum Komplettabriss zu sein. Bürgerinnen und Bürger von Dittichenrode gründeten im Jahre 1997 eine Interessengemeinschaft für den Wiederaufbau. Dank ihres Engagements und großzügiger Spender wurde das schier Unmögliche geschafft: Im September 2008 fand nach 40 Jahren die Wiedereinweihung der Kirche „Sankt Annen und Marien“ statt.

# VIII. Hohlstedt

## Die Hohlstedter Steinkreuze

Die Steinkreuze gehören in unserer Kulturlandschaft zu den imposanten und zugleich geheimnisvollen Kleindenkmalen. Oft verbinden sich damit Sagen, die von Morden und Unglücksfällen berichten. In der Regel handelt es sich dabei um mittelalterliche Sühnekreuze. Sie erinnern an den Tod eines Menschen, hervorgerufen durch Unfall oder Mord. Man stellte sie in der Nähe des Tatortes, aber immer an oft begangenen Wegen auf. Der Vorübergehende sollte bei ihrem Anblick für das Seelenheil des Toten beten und gemahnt werden, kein Verbrechen zu begehen.

Auch in Hohlstedt gab es mehrere Steinkreuze. Das im Jahre 1534 vom Kornschreiber Andreas Sußbach angelegte Erbbuch des Amtes Brücken nennt in einer Grenzbeschreibung von 1498 bereits das Bennunger Jägerkreuz. Damals war es ein Grenzpunkt zwischen den Gemarkungen Bennungen und Hohlstedt. Auch am Ausgang des Merktales, nördlich der Ortslage Hohlstedt, gab es vor rund 500 Jahren mehrere Kreuze.

Ein sehr großes Kreuz stand früher „auf dem großen Anger unweit des Gänsegrabens“. Das war eine Wiese dicht an der Grenze zu Wallhausen an einem Nebenarm der Helme, dem sogenannten Eichgraben. Der Sage nach soll hier ein Schäfer zu Tode gekommen und begraben worden sein. Im Juli 1979 „verließ“ es seinen alten Standort. Das Flurstück, bisher als Weideland genutzt, sollte künftig als Ackerland bewirtschaft werden. Der neue Standort lag am Fuße einer Pappel östlich der Schachtstraße nach Brücken. Hier fand das Kreuz zusammen mit einem alten Grenzstein seinen Platz. Bereits zwei Jahre später wurde es bei Feldarbeiten aus dem Boden gerissen. Seitdem steht es unmittelbar an der Böschung der Schachtstraße. Auf einem Arm befindet sich ein sehr schönes Näpfchen, in dem früher Gesteinsmehl gewonnen wurde.

*Der Hohlstedter Lehrer Willy Hörold entdeckte dieses „Schwedenkreuz“ genannte Steinkreuz im Jahre 1926 an der Helme. Im November 2008 wurde es von seinem Standort am Eingang zum Kälbertal gestohlen.*

Ein weiteres Kreuz, das wesentlich kleinere Schwedenkreuz, stand bis Ende November 2008 am Eingang zum Kälbertal. Auch dieses musste mehrfach seinen Standort wechseln. 1926 entdeckte es der Hohlstedter Lehrer Willy Hörold tief eingesunken am Brückner Weg, in der Nähe der Brücke über die Helme „nach den Wiesen“. Das Hochwasser hatte es frei gespült. Im Jahre 1972 stand es bei Arbeiten an der Uferböschung im Wege und wurde auf eine nahe gelegene Grünfläche umgesetzt. Durch landwirtschaftliche Arbeiten gefährdet, musste es 1981 erneut seinen Standort wechseln. Bodendenkmalpfleger setzten es an den Eingang zum Kälbertal um. Hier wurde es im November 2008 von Unbekannten gestohlen. Dank dem Engagement der Polizei und der Sendung „Kripo live“ vom MDR ist es wieder da. Der Sage nach soll am ursprünglichen Standort ein schwedischer Offizier begraben sein.

## Der Pferdedieb musste hängen

Auf dem Heiderücken zwischen Bennungen und Hohlstedt, südlich der Helme, steht weithin sichtbar mitten im Acker eine Linde. Sie trägt den Namen „Gerichtsbusch“.

Im Jahre 1531 wurde hier in der Herrschaft Brücken ein Pferdedieb gefangen genommen. Man brachte ihn zunächst trotz der Proteste des Amtsinhabers Hans von Werthern, Erbkammertürhüter von Kaiser Maximilian I. und Ritter auf der Herrschaft Wiehe, in Roßla und Kelbra in Gewahrsam. Man einigte sich aber und legte fest, dass „der tether auff der stedtte do er gefencklich angenommen In der dreier Hern name gerechtfertigt“ wird. Als Hinrichtungstag setzte man den 7. Juni 1531 fest. Auf dem Dreiländereck wurde ein Galgen aufgerichtet. Die von den Schwarzburgern gelieferte Eichensäule setzte man in Richtung Kelbra und eine aus der Herrschaft Brücken stammende Weidensäule in Richtung Brücken in den Boden. Das Querholz kam aus dem Amt Roßla, das zur Grafschaft Stolberg gehörte. Die Richter aus den beiden Grafschaften und der Herrschaft Wiehe hegten an dieser Stätte gemeinsam das Halsgericht

*Der Gerichtsbusch auf der Heide. An dieser Stelle wurde im Jahre 1531 ein Pferdedieb gehängt.*

und „nach ergangenem Urteil ist der arm mensch gericht worden". Die Vollstreckung erfolgte in Gegenwart des Grafen Heinrich von Schwarzburg, des Amtsschreibers von Roßla und des Junkers Georg von Werthern. Mit dabei waren auch die Bürgermeister Nicola Moch und Claus Stulzing sowie der Baumeister Asmus Kale und der Kämmerer Claus Witzlaub aus Brücken.

Aufgezeichnet worden ist dieser Fall im Gerichtsbuch von Brücken, das der Kornschreiber Andreas Sußbach für die von Werthern angelegt hatte. Die heute an diesem Ort stehende Linde wurde erst um 1900 gepflanzt. Seit dem Jahre 1974 ist sie als Naturdenkmal geschützt. Gleichzeitig ist die Linde ein Grenzbaum zwischen Hohlstedt und Bennungen und ein Denkmal der Rechtsarchäologie.

## Aus der Geschichte der Sankt-Andreas-Kirche

Wann genau die kleine, dem heiligen Andreas gewidmete Kirche in Hohlstedt gebaut wurde, ist nicht überliefert. Sie entstand am damaligen nördlichen Dorfrand, noch innerhalb der durch Wall und Graben geschützten Ortslage.

Der Turm ist in seinem Kern ein romanisches Bauwerk aus dem hohen Mittelalter und damit auch der älteste Teil. Ursprünglich handelte es sich um eine Chorturmkirche mit einer Apsis im Osten. Im Turminnern existierte einst ein Tonnengewölbe, von dem die Ansätze noch sichtbar sind. Später ersetzte man es durch ein höher liegendes Kreuzgratgewölbe. Nach einer Inschrift im Dachsims vollendete man im Jahre 1512 den östlichen Anbau. Dabei wurde auch die alte Apsis überbaut und der im gotischen Stil ausgeführte Chor mit dem schönen Spitzbogengewölbe angelegt. Auf der Turm-Südseite zwischen den Pfeilern und auf der Nordseite des Chores sind noch vermauerte rundbogige Pforten zu erkennen.

Das heutige Schiff trägt Züge der Renaissance und des Barock. Ein Stuckornament im Turm mit der Jahreszahl 1717 und einer Darstellung des heiligen Andreas geben

*Blick aus der Luft auf Hohlstedt. Die Sankt-Andreas-Kirche liegt am Nordrand der ursprünglichen Siedlung.*

*Blick aus nördlicher Richtung auf die Sankt-Andreas-Kirche.*

*Die Südseite der kleinen Sankt-Andreas-Kirche in Hohlstedt vor dem Bau der großen Stützpfeiler am Turm im Jahre 1934.*

*Blick in den Chorraum mit dem neogotischen Altaraufsatz aus dem Jahre 1872. Er wurde 1934 durch ein Holzkreuz ersetzt.*

möglicherweise einen Hinweis darauf. Die gleiche Jahreszahl ist nochmals im Schiff dicht unter dem gewölbten Himmel zu sehen. Allerdings sind in einem Pfosten der Emporen die Jahreszahl 1702 und die Signatur MMWZ verewigt.

Im Jahre 1772 war eine umfangreiche Reparatur am Turm notwendig, um die Standsicherheit wiederherzustellen. Gleiches passierte 1934, als auch die heute sichtbaren Stützpfeiler am Turm errichtet wurden. Von 1990 bis 1994 ließ die Kirchengemeinde unter Pfarrer Wolfgang Schmidt die bisher wohl umfangreichste Sanierung ausführen, die rund 600.000 Euro kostete. Damit ist die Kirche in ihrem baulichen Zustand für die nächsten Jahrhunderte gesichert. Wenn man das Kirchenschiff betritt, ist man überrascht von der schönen Ausstattung. Zu den ältesten Stücken zählen die Altarplatte und die Sakramentsnische im Chor. In der Altarplatte ist ein sogenanntes Weihekreuz erhalten geblieben, was sehr selten in der Goldenen Aue ist. Die gotische Sakramentsnische ist mit je einem fünf- und sechsspeichigen Rad verziert. Auch das abgerundete Podest mit den „Kniebänkchen" vor dem Altar stammt vermutlich aus dieser Zeit.

Aus vorreformatorischer Zeit erhalten geblieben ist wahrscheinlich auch der halbplastische Kopf im Schiff. Nach Angaben in der Hörold'schen Ortschronik soll er früher als Lampenhalter gedient haben. Ebenfalls sehr alt sind zwei zu Treppenwangen verwendete Balken mit lateinischen Inschriften. Die schöne hochbarocke Kanzel, gestiftet von der Müllerin Trentin, kam im Jahre 1763 in die Kirche. Die Emporen tragen die gleiche Jahreszahl, sind aber vermutlich nur erweitert worden. Die Schiffskehlenverzierungen auf den Unterzügen weisen auf ein höheres Alter hin. Die heutige Orgel wurde 1834 vom Frankenhäuser Orgelbaumeister Strobel neu gebaut. Es gab bereits 1680 eine kleine Orgel, die man in Tilleda gekauft hatte. Der Chronist Friedrich Schmidt schreibt

*Blick in den im Jahre 1512 fertiggestellten Chor mit dem gotischen Spitzbogengewölbe.*

dazu: „Das Geld kam nicht von der Kirche, sondern 14 Taler von der Gemeinde, das übrige haben die Einwohner zusammengebracht."

Der heutige Altaraufsatz besteht aus einem einfachen Holzkreuz aus dem Jahre 1934. Zuvor befand sich an dessen Stelle ein im Jahre 1872 gemaltes Bild vom „lehrenden Christus". In jenem Jahr wurde nach der Hörold'schen Chronik der „alte Schnitzalter" ersetzt. Auf diesem sollen geschnitzte Figuren der heiligen Katharina und des heiligen Andreas gestanden haben. Ihr Verbleib ist unbekannt.

## Fastnachtstreff der Drescher-Zunft

Als sich die Hohlstedter Drescher im Jahre 1834 trafen, blickten sie bereits auf „viele Jahre" zurück. Sie hatten ihre Zunft erst vor „etlichen Jahren" wiedererrichtet. Nun wollten sie die alten Artikel „umarbeiten". Vor allem sollten diese kürzer gefasst werden, da „es nun bei den Handwerkern Sitte ist, das bei Vorlesung der Artikel, das Tabakrauchen untersagt war und die Kopfbedeckung abgenommen werden musste". Auch waren die Zunftgenossen verpflichtet, sich „höflich und bescheiden" gegen die Oberältesten und Mitmeister zu betragen. So fanden „nur" 39 Artikel Eingang in die neue Ordnung, deren Vortragen aber auch eine halbe Stunde dauerte.

Im gleichen Jahr wurde für 15 Silbergroschen eine neue Lade angeschafft. In Wallhausen kauften die Hohlstedter Stoff, Band und Fransen für über 27 Silbergroschen. Daraus nähte ihnen der Schneidermeister Uthe für weitere sieben Silbergroschen eine Fahne. Für die Fahnenstange bezahlten sie bei Meister Engel ebenfalls sieben Silbergroschen. Der Chronist Willy Hörold aus Hohlstedt kannte diese Fahne vermutlich

ARTIKEL
der hochwohllöblichen
Drescherinnung zu
1834

*Titelblatt der im Jahre 1834 verfassten Artikel für die Drescherzunft in Hohlstedt.*

noch. Nach seinen Beschreibungen war sie aus rotem Tuch und trug einen aufgenähten schwarzen Ziegenbockkopf, einen weißen Dreschflegel und eine Harke. Außer der Fahne hatten die Drescher noch ein Maskottchen, den „Hannekasper“, der den „Drescheranzug“ trug: schwarze Stiefel und ein „Käpsel“ auf dem Kopf.

Höhepunkt im Jahreslauf war das Zunfttreffen zu Fastnacht. Willy Hörold überliefert in seiner Chronik, dass bereits am Sonntag vor Fastnacht sämtliche Drescher sich zum „Drescherschmaus“ beim Obermeister versammelten. Da gab es Butterbrot, Käse und Schnaps. Am Fastnachtstag zogen zwei Jungmeister mit der Hohlstedter Dorfkapelle durch den Ort und luden Haus für Haus die Männer zur Feier in die Schenke ein. Sie führten die Fahne, die Lade und den Hannekasper mit. Mit im Zug waren auch zwei „Knopfträger“, die einen Stab mit goldenem Knopf trugen. In der Schenke angelangt, kam der Hannekasper auf den Tisch und es wurde ordentlich gefeiert. Wer von den Dreschern zum „Quartal halten“ nicht erschien, wurde nach den Artikeln „ohne Hosen in eine Dornenwelle gesetzt“.

Alle zahlten 25 Pfennige ein, die Jungverheirateten nach eigenem Ermessen „etwas“ mehr. Von diesem Geld wurde die gemeinsame Zeche beglichen. Das, was übrig blieb wurde für das nächste Jahr zurückgelegt. Für die Frauen der Jungmeister gab es nach Fastnacht einen „Spälleabend“. Das Eintrittsgeld betrug hier zehn Pfennige. Nach dem „Quartalstreffen“ kontrollierten die Meister noch das Werkzeug der Drescher. Liederlichkeit wurde mit vier Pfund Schmierkäse und einem großen Brot bestraft.

Die eigentliche Arbeit der Drescher lag in den Wintermonaten, wenn alle anderen Feldarbeiten abgeschlossen waren. Entweder droschen die Bauern selbst das eingelagerte Getreide aus oder man bediente sich dazu der „Drescher mit ihren Flegeln“. Das dauerte mitunter bis in das Frühjahr hinein. Vielerorts hatten sich die Drescher auch zu einer

*Diese Zeichnungen von den „Hohlstedter Dreschern“ stammen aus dem Jahre 1834. Der abgebildete Obermeister trägt eine Kappe mit einer Schelle am Zipfel. Vermutlich wurde sie zu Fastnacht getragen.*

Zunft, wie in Hohlstedt, zusammengetan. Sie zogen von Scheune zu Scheune, um das Getreide zu dreschen. Ihr wichtigstes Arbeitsmittel war der Dreschflegel. Er bestand aus dem Stiel, der „Handhabe“ und dem daran befestigten „Klöppel“ oder „Schlegel“. Willy Hörold schreibt, dass ein solcher Klöppel rund 50 bis 60 Zentimeter lang und fünf bis sieben Zentimeter breit sowie drei bis vier Zentimeter dick war. Der Klöppel, er musste mindestens zweieinhalb Pfund schwer sein, wurde aus Buchen-, aber auch aus Birnen- oder Pflaumenholz geschnitzt. Die Handhabe musste bis an die Stirn reichen und war aus Holunder, Haselnuss oder Erle gefertigt und „fein glatt ausgearbeitet“. Die Verbindung zwischen beiden bestand aus dem Gelenk, einem doppelten Lederstreifen. Dazu trugen der Klöppel und die Handhabe auf einer Seite eine Lederkappe mit einer Öse. Diese Verbindung musste sehr sorgfältig hergestellt sein, sonst löste sich der Klöppel beim Dreschen. Vorgeschrieben waren auch die Maße für den Harken. So mussten in dem Balken elf Zinken im Abstand von je zweieinhalb Zoll sitzen. Weitere Arbeitsmittel waren noch eine Wurfschaufel und ein Sieb. Die Körner wurden mit dem Scheffel abgemessen.

Zunächst drosch man die noch gebundenen Garben von beiden Seiten ab, danach wurden sie geöffnet und auf der Tenne ausgebreitet, die Ähren zeigten dabei nach innen und die Stoppeln nach außen. Das war das „Bett“, das ausgedroschen wurde. Die Dreschergruppe stellte sich so auf, dass keiner den anderen stören konnte. Nun ging es, indem die einzelnen Drescher langsam vorwärts und rückwärts schritten und im Takt schlugen, auf der einen Seite nach hinten und auf der andern Seite von hinten nach vorn. Dabei musste der Takt immer beibehalten werden, auch beim Wenden am Ende der Tenne. Um den richtigen Takt zu finden, gab es auch „Taktverse“.

War eine bestimmte Menge ausgedroschen, wurden Körner von der Spreu getrennt, mit dem Scheffelmaß abgemessen und in Säcken auf den Körnerboden getragen. Der „Abmesser“ bekam dafür eine Kanne Bier. Nach zwölf Scheffeln gab es eine Pause.

Erst mit dem Einzug der Technik vor rund 100 Jahren verschwand nach und nach das „Klappern“ auf den Scheunentennen in den Wintermonaten.

# IX. Wallhausen

## Wallhäuser Kirchweihfest im Mittelalter

Am Mittwoch vor dem Fest Johannes des Täufers, dem 20. Juni, weihte der Bischof Johannes de Korbecke in Vertretung des Erzbischofs von Mainz im Jahre 1408 den Altar der Wallhäuser Kirche der Jungfrau Maria und den Aposteln Petrus und Paulus. Die Urkunde mit dieser Nachricht fand der Ortspfarrer Max Trippenbach im Jahre 1898. Sie befand sich an einem kleinen Gefäß, das in Seide gewickelte Reliquien enthielt und vor dem Altar eingemauert war. Die Altarplatte trägt vier deutlich erkennbare Weihekreuze. Was aus dem Gefäß mit der Reliquie wurde, ist nicht überliefert. Vermutlich legte man es wieder an seinen ursprünglichen Platz zurück.

Für den historisch sehr interessierten Pfarrer Trippenbach war dieser Fund von großer Bedeutung. Er schrieb den lateinischen Text ab und übersetzte ihn. Zehn Jahre nach seiner Entdeckung, im Jahre 1908, wurde daraufhin das 500. Jubiläum der Kirchweihe ganz groß gefeiert.

Das 1408 geweihte Gotteshaus war mit Sicherheit nicht der erste Kirchenbau in Wallhausen. Wo aber der Vorgängerbau gestanden hat und welche Größe er hatte, ist nicht überliefert. Vom spätgotischen Bau ist trotz großer Umbauten noch einiges erhalten geblieben. Die großen Fenster des ursprünglichen Chores auf der Südseite tragen im Spitzbogen einen Kreis mit einem Drudenfuß, einem Fünfeck sowie einen sogenannten Vierpass. Diesen zeigt auch das halbverdeckte Fenster auf der Ostseite über der Sakristei. Ebenfalls aus der Bauzeit stammt die heute in der Wand hinter der Glocke eingelassene, kleine halbplastische Figur eines Mannes. Für einen stark beschädigten Kopf in der Südwand gibt es unterschiedliche Zeitangaben. Der verzierte Taufstein ist nicht so alt. Ein Oswald Scarfe und sein Weib Anna stifteten ihn im Jahre 73 (die Jahrhundertangabe und der Rest des Datums fehlen).

Der Heimatforscher Clemens Menzel berichtet in seiner Wallhäuser Chronik, dass im Jahre 1581 die Kassen leer waren; man hatte alles für eine neue Orgel ausgegeben. Weiter heißt es, dass nach dem Brand im Jahre 1582 das Schiff auf der Südseite erweitert wurde. Nähere Angaben gibt es dazu nicht. Zu allen Zeiten herrschte allerdings rege Bautätigkeit. So brach bei einem starken Sturm am 18. Dezember 1612 die Turmspitze ab und stürzte auf den Kirchhof. 1613 hatte Hans Backe das aus zwei Hauben mit Laternen und fünf Spitzen bestehende neue Turmdach fertiggestellt. 1647 klagen die Wallhäuser, „dass ihre Kirche täglich, ja stündlich einstürzen kann“. 1733 begannen dringende Reparaturarbeiten am Turm. Dem Pfarrer Christoph Faber waren die Kosten aber zu hoch. Er wollte anstelle von Steinen nur Eisen oder Holz für das Geländer auf dem Umgang einsetzen oder ihn ganz abtragen. Der Umgang und die Fenster am Turm kosteten die Gemeinde dann insgesamt 354 Taler. Die Arbeiten dauerten sehr lange, im Jahre 1745 waren die Tafelsteine auf dem Turmumgang noch nicht wieder gelegt. In der Chronik steht dazu: „Sie sind angeschafft und bezahlt, es gibt aber kein starkes Seil, um sie hinaufzuziehen.“ Der Baumeister war Christoph Seitler. Pfarrer Faber bat auch um die Aufstellung eines Ofens in der Sakristei, da er den Kohlendampf der Pfanne nicht vertrug.

*Die heutige Sankt-Peter-und-Paul-Kirche in Wallhausen. Aus dem ehemaligen Chor, der weitestgehend unbeschädigt die Bombenabwürfe von 1945 überstanden hatte, entstand das neue Schiff.*

*Blick in den Chor vor der Zerstörung der Kirche am 22. Februar 1945.*

*Diese kleine halbplastische männliche Figur befindet sich heute in Höhe der Glocke.*

1758 sollte die Türmerwohnung repariert werden. Auch wollte man einen neuen Türmer anstellen, da Andreas Räuber seine Nachtwachen nicht getan hatte. Im Jahre 1782 kam ein neuer Knopf auf die Turmspitze. Zuvor hatte man die darin enthaltenen alten Dokumente vorm Altar vorgelesen. 1786 verlangte die Gemeinde, dass der Kirchturm berapt (geputzt) werden solle. Der Maurermeister Conrad Schobeß gab an, dass man dazu 40 Marktscheffel Kalk brauche und die gesamte Reparatur 200 Taler kostete.

1876 erfolgte eine umfangreiche Renovierung des Kircheninnern. Die Entwürfe für die Deckengemälde fertigte Pastor Schaper aus Hohlstedt an. Dessen Bruder, ein Maler aus Halle, restaurierte die vorhandenen Ölgemälde. Der Altar und die Kanzel wurden ebenfalls einbezogen. Nicht sehr zufrieden war aber die Gemeinde mit dem neuen Sakristeianbau auf der Ostseite.

Gegen Ende des Zweiten Weltkrieges trafen am 22. Februar 1945 Bomben die Kirche. Das Schiff und der Turm wurden dabei stark beschädigt. Rund vier Jahre später, im September 1949, sprengte man die Turmruine. Die Schuttberge blieben noch viele Jahre liegen. Erst von 1954 bis 1957 erfolgte der Wiederaufbau der Sankt-Peter-und-Paul-Kirche. Der einstige Chor wurde zum neuen Kirchenschiff gestaltet. Einen neuen Turm hat sie nicht erhalten. Die Konfirmation des Jahres 1957 fand dann wieder in der Kirche statt. Am 13. Juli des gleichen Jahres wurden Hans und Lydia Hornickel, geb. Laskewitsch, als erstes Paar von Pfarrer Kurt Brügge getraut. 1962 füllte man den verbliebenen Schuttkegel des gesprengten Turmes mit Erde auf und bepflanzte ihn.

Im Jahre 1981 erfolgte die letzte große Renovierung. Nach der Trauung von Renita und Roland Fromm am 22. August 1981 bat die Polizei um die Hochzeitsbilder. Der

Grund war ein Diebstahl der Altarleuchter. Nach der Wende wurde die Dacheindeckung erneuert. Seit 1997 steht der Flügelaltaraufsatz der Kirchengemeinde Hackpfüffel als Leihgabe auf dem Altartisch. Im Juni 2008 feierte die Gemeinde das 600-jährige Bestehen der Kirche. Die Festpredigt hielt Bischof Axel Noack aus Magdeburg.

### Der Wallhäuser Markt

Am 20. September 1618 bewilligte der Sächsische Herzog Johann Georg „seinem lieben getreuen Ludwig von der Asseburg dem Älteren" für seine Untertanen, die Einwohner des Fleckens Wallhausen, jährlich zwei Jahrmärkte abhalten zu dürfen. Ein Termin war am Sonntag Judica (2. Sonntag vor Ostern) und der andere am Sonntag nach Exaltatio crucis (14. September). Schon zwei Jahre vorher hatte Ludwig von der Asseburg um dieses Privileg gebeten. Der Herzog ließ durch den Oberaufseher der Grafschaft Mansfeld Jacob von Grünthal zu Voigtstedt und Rudolf Sonnenberg, Schösser zu Sangerhausen, Stellungnahmen von den umliegenden Städten wie Eisleben, Hettstedt und Artern einholen. Diese fielen bis auf die der Stadt Sangerhausen durchweg positiv aus. Der Rat der Stadt Sangerhausen pochte auf das alte Recht, innerhalb einer Meile keine neuen Märkte zuzulassen. „Sangerhausen sei schon länger privilegiert und die Wallhäuser nichts anderes als dienstbare Bauern", heißt es in der Akte. Die Stadt fürchtete Einkommensverluste: „Unseren Bürgern, Krämern, Brauern und Handwerkern wird das Brot vor dem Maule abgeschnitten." Diese Einwände vom 7. August 1616 fielen allesamt durch. Der Herzog behielt sich lediglich vor, dass seine Nachfolger die Märkte in Wallhausen verändern oder abschaffen können.

*Am 20. September 1618 bewilligte Herzog Johann Georg von Sachsen den Wallhäusern, jährlich zwei Märkte abhalten zu dürfen. Der Alte Markt befand sich vor der jetzigen Gemeindeverwaltung.*

Im Januar 1619 bat der von der Asseburg den Rat der Stadt in Sangerhausen, das Patent über den Wallhäuser Markt öffentlich anzuschlagen, „damit es die Handelsleute, Krämer und der gemeine Mann erfahren“. Der erste Markttermin war am 14. März, der 2. Sonntag vor Ostern. Am 1. März baten die Sangerhäuser den Herzog, die Sache „ruhen zu lassen“ und zum Stehen zu bringen. Ihr Schreiben kam am 13. März zurück mit der Anmerkung: „Der Churfürst zu Sachsen lässt es bei der erteilten Konfirmation zweier Jahrmärkte bewenden.“

Damit war der Streit noch nicht zu Ende. Im April beschwerte sich der Asseburger beim Herzog, dass man in Sangerhausen den Krämern und Handwerkern bei Strafe verboten hatte, nach Wallhausen zu gehen. Die Stadtknechte waren von Haus zu Haus gegangen und hatten der Bürgerschaft mitgeteilt, dass an den Toren der Stadt darauf geachtet würde. Am 23. April wies der Herzog die Sangerhäuser an, dieses Verbot aufzuheben. Auch ein erneutes Aufbegehren nützte nichts. Der Markt zu Wallhausen blieb bestehen. Ursprünglich hat man ihn vermutlich auf dem Alten Markt gegenüber der heutigen Gemeindeverwaltung abgehalten.

## Aschkuchen backen für zwei Pfennige

Wollte jemand in Wallhausen im 17. Jahrhundert frisches Brot essen, so musste er, wenn er keinen eigenen Backofen hatte, zum Gemeindebackhaus gehen und dort sein Brot backen lassen. Die Gemeindebackhäuser wurden in der Regel an Bäckermeister verpachtet, die mit ihren Familien oft von Ort zu Ort zogen.

Im Jahre 1681 erfasste den Meister Hans Heinrich Herbst wieder das Fernweh. Aus diesem Anlass wurde von dem Asseburger Amtmann Christian Amhoff am 7. Februar die „Wallhäuser Backordnung“ aufgeschrieben. Darin heißt es: „Uralte Gewohnheit und Backrecht – was der Bäcker für Brot- und Kuchenbacken, Braten auf Hochzeiten, Kindtaufen, hohen Festen und an Sonntagen zu fordern hat“. Es ist vermerkt, dass aus einem Scheffel Mehl 23 Brote herzustellen waren. Damit legte man für die künftigen Backhauspächter die Größe und das Gewicht der Brote fest. Einwohner, die Brot backen ließen, mussten vier Wellen Holz liefern oder vier Pfennige und ein Brot geben. Dieser Satz erhöhte sich nach Anzahl der Brote bis auf zwölf Wellen Holz und drei Brote für das Backen bei über 60 Stück. Den Sauerteig musste der Bäcker den Leuten geben, dafür erhielt er Mehl im Tausch. Es heißt weiter: „Jedes Weib, welches ein Brot backen lässt, bekommt umsonst einen Kuchen gebacken“. Waren es mehr Kuchen, so mussten diese gesondert bezahlt werden.

Das Kuchenbacken und Bratengaren zu Hochzeiten, Kindtaufen und den Feiertagen wurde extra berechnet. So erhielt der Bäcker das Holz und für jeden Kuchen einen Pfennig. War die Hochzeit an einem Sonnabend und der Kuchen wurde vorher gebacken, bekam er einen Kranz (Kuchen) und eine Kanne Bier. Bei Kindtaufen musste jeder Kuchen und Braten mit einem Pfennig bezahlt werden. Für das Weckenbacken in der Vorweihnachtszeit gab es pro Wecke einen Pfennig, ein dicker Kuchen brachte zwei Pfennige. Musste er sonntags oder an den Jahrmarktstagen backen, bekam er das Feuerholz und für jeden Butter- und Eierkuchen einen Pfennig. Ein sogenannter Aschkuchen, üblicherweise in der Zeit der reifen Birnen gebacken, kostete zwei Pfennige. Gebacken wurde in einem gewölbten Ofen.

*Bäckerplan und ehemaliges Gemeindebackhaus in Wallhausen im Jahre 2009.*

## Wo liegt die Pfalz Wallhausen?

Als der in Wallhausen ansässige Pfarrer Max Trippenbach am 5. Juni 1906 in der öffentlichen Sitzung der Provinzial-Denkmäler-Kommission in Sangerhausen seinen Vortrag „Königshof und Kaiserpfalz Wallhausen" hielt, lagen zehn Jahre intensives Akten- und Literaturstudium hinter ihm. Trippenbach vertrat die Meinung, „dass die Pfalz Wallhausen niemals oben am Berge, sondern an der Stelle des heutigen Asseburgischen Schlosses liegt." Damit widersprach er der bisherigen Auffassung des Lokalhistorikers Karl Meyer und des Provinzialmuseumsdirektors Prof. Dr. Julius Schmidt aus Halle. Sie bezogen sich beide auf einen Ort, der „der Kaiser" genannt wurde. Dort waren damals noch spärliche Reste einer Bebauung erkennbar. Trippenbach wies aber nach, dass dieser Flurname erst aus dem 19. Jahrhundert stammt. Auch die baulichen Reste erschienen ihm als sehr neuzeitlich. Ebenso gab nach seinen Ausführungen der wesentlich ältere „Burgweg" keinen direkten Hinweis auf die Lage der Pfalz Wallhausen: „Er kann auch von der Höhe herab auf die in der Niederung liegende Burg hinweisen." Als ein weiteres Indiz führte Trippenbach noch die in Urkunden bis zum Jahre 1435 genannte Martinskapelle an, die für ihn „unzweifelhaft auf dem Schlosse gestanden hat". Zusammenfassend bemerkt Trippenbach: „Über der Erde sind keine deutlichen Spuren der einstigen Pfalz Wallhausen mehr vorhanden."

Ein Jahr später bewilligte die Historische Kommission der Provinz Sachsen auf seinen Antrag hin die Mittel für eine archäologische Grabung auf dem Berggrundstück „der Kaiser". Eine 0,5 Hektar große Fläche wurde untersucht. Teilweise grub man bis zu 2,5 Meter tief in den Boden. „Weder Quadersteine noch Ziegeln, weder Scherben noch Mörtel oder Brandreste konnten aufgedeckt werden", heißt es in einem zeitge-

*Blick aus südlicher Richtung auf Wallhausen. Bisher ist nicht eindeutig gesichert, ob die Pfalz Wallhausen im Bereich der heutigen Ortslage oder nördlich davon liegt.*

nössischen Bericht. „Lediglich ein mit Fabrikstempel versehenes Berg- oder Zimmermannsgerät wurde gefunden und in das Provinzialmuseum Halle abgeliefert. Damit wurde bewiesen, dass in diesem Flurteil keine Pfalz bestanden hat.“ Trippenbach hoffte für die endgültige Klärung auf eine weitere Grabung im Schlossgelände, sie kam aber nicht zustande.

Im Mai 1951 untersuchte der Sangerhäuser Adolf Spengler jun. ebenfalls den „Kaiser“. Er fand dabei in der Nähe des Berghäuschens mehrere sehr kleine mittelalterliche Keramikscherben. Sein Vorhaben, nochmals „einige kleine Probegrabungen“ vorzunehmen, kam nicht zur Ausführung.

Professor Paul Grimm weilte in der Zeit, als er in Tilleda die dortige Pfalz ausgrub oft in Wallhausen. Im Jahre 1958 entdeckte er bei Tiefbauarbeiten auf dem Alten Markt einen verfüllten Sohlgraben mit Keramikfunden, die er in die Zeit vor 1200 datierte. Grimm sah darin den äußeren Graben um die vermutete Pfalz. Der Sangerhäuser Kurt Müller konnte 1967 im gleichen Bereich bei Ausschachtungsarbeiten einen mittelalterlichen Knochenkamm sicherstellen. Eine Grabung durch Prof. Grimm im Jahre 1974 innerhalb der von ihm angenommenen „Vorburg“, südlich der Straße gegenüber der Feuerwehr, erbrachte zahlreiche jungbronzezeitliche Gruben, eine Bestattung aus dieser Zeit und den Hinweis auf ein frühmittelalterliches Grubenhaus. Im Bereich der Maurer konnte Grimm Pfostenstandspuren nachweisen. Er schlussfolgerte daraus, „dass die ottonische Vorburgsiedlung nur von einer Art Palisade gesichert war, auf deren Resten dann die hochmittelalterliche Stadtmauer errichtet wurde.“ Eine weitere, wesentlich größere Grabung in diesem Abschnitt in den 1990er-Jahren durch den Archäologen Harald Kanter brachte ebenfalls keinen eindeutigen Hinweis auf die von Grimm in diesem Bereich vermutete Vorburg.

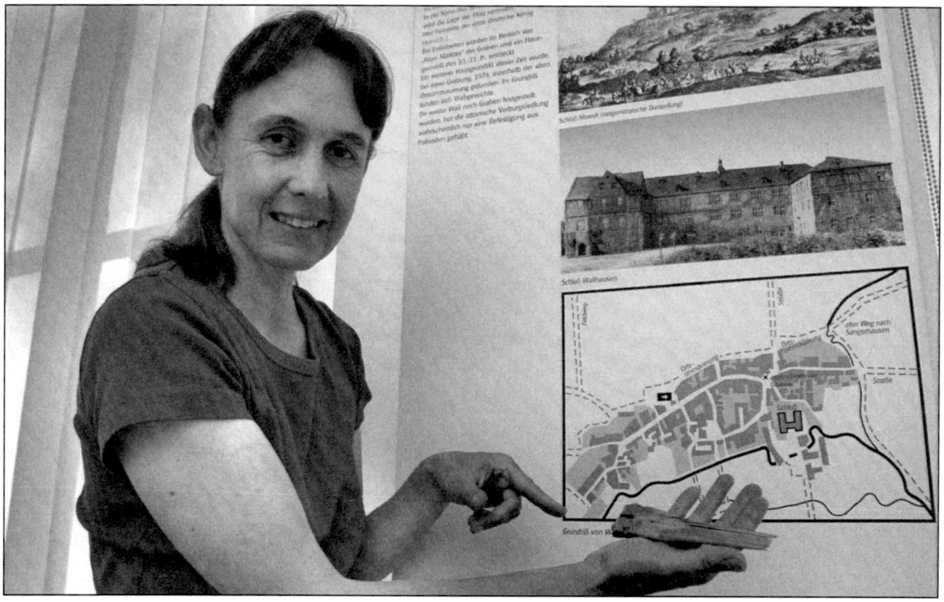

*Diesen rund 1.100 Jahre alten Knochenkamm hat der Bodendenkmalpfleger Kurt Müller bei Tiefbauarbeiten auf dem Alten Markt in Wallhausen gefunden.*

*Im Bereich des Asseburger Schlosses vermuteten der Pfarrer und Heimatforscher Max Trippenbach sowie Professor Paul Grimm die Kernburg der Pfalz Wallhausen. Eine archäologische Grabung erfolgte bisher nicht.*

Damit sind aus archäologischer Sicht alle Fragen offen. „Einen eindeutigen Beweis für die Lage der Pfalz Wallhausen gibt es bisher nicht", so fasst Olaf Kürbis, Gebietsreferent des Landesamtes für Denkmalpflege und Archäologie Sachsen-Anhalt, heute die bisherigen Erkenntnisse zusammen. Bei Kanalbauarbeiten im Jahre 2003 wurden von ihm Mauerreste im Südhof des Schlosses dokumentiert, „aber einen Hinweis auf die Pfalz geben sie auch nicht". Das noch heute gültige Fazit zog Grimm bereits 1960: „Solange nicht eine Höhenburg im Gelände nachgewiesen ist, sind die Erwähnungen auf die Burg in der Niederung zu beziehen."

Die benachbarten Pfalzen Tilleda und Allstedt liegen auf einem Sporn, ebenso der in Berga lokalisierte Königshof. Daraus ableitend wird auch für die Pfalz Wallhausen eine Höhenlage vermutet. Die relativ unbedeutende Anlage in Tilleda hat eine Ausdehnung von ca. fünf Hektar, Berga von rund vier Hektar. Überträgt man diese Ausdehnung auf Wallhausen und nimmt den Schlossbereich als Kernburg an, so wäre der Vorburgbereich im Untergrund der Ortslage verborgen. Einer Ausdehnung nach Süden, in die Helmeniederung, steht die ständige Hochwassergefahr entgegen. Auch hätten sich in der Luftbildarchäologie schon Spuren gezeigt. Östlich davon wurden um 1180 Flamen angesiedelt, die das Helmeried in Richtung Osten urbar machten.

## Vom Schwarzen Wolf und Ritterspiel

Urban Mund, Einwohner und Untertan des Fleckens Wallhausen, war bei Ludwig von der Asseburg, dem Fürstlich Holsteinischen Rat, Hofmeister und Hauptmann zu Husumb, auf Wallhausen und zu Calbe erschienen, und bat ihn, seine Gastwirtschaft dem frommen Reisenden besser kenntlich machen zu dürfen. Er wünschte die Bewilligung eines Gastzeichens und eines öffentlichen Schildes. Ludwig von der Asseburg gestattete dem Bittsteller, „ein zierlich gemaltes Gastschild mit einem Schwarzen Wolf" und den Inschriften „Allhier wird geherberget" und „Dies Wirtshaus stehet in Gottes Hand, zum Schwartzen Wolff ist es genannt ANNO 1660". Urban Mund ließ es anfertigen und zur Gasse hin aufhängen. Der von dem Asseburger eigenhändig zu Papier gebrachte „Schildbrief" wurde am 21. Juni 1660 ausgestellt. Ob der Name „Schwarzer Wolf" vom Besitzer gewünscht war, bleibt offen. Jedenfalls handelt es sich dabei um das Stammwappen der Asseburger.

Ludwig V. von der Asseburg (1611–1693) übernahm Wallhausen im Jahre 1659 und sanierte mit seinem Vermögen den im Dreißigjährigen Krieg stark heruntergekommenen Flecken. Ihm zur Seite stand der Justizamtmann Christian Amhoff. Noch 1660 waren in Wallhausen von 158 Häusern 60 verlassen und zerstört, die allmählich wieder angesiedelt und aufgebaut wurden. Damit verbunden war der Beginn der Vergabe von Häusernamen und Schildzeichen für den ganzen Flecken. Sämtliche Eintragungen in den Erb- und Handelsbüchern aus dem 17. Jahrhundert nennen jedenfalls nach 1660 nicht nur den Besitzer des Grundstückes, sondern auch einen Häusernamen.

Bei der Vergabe ging es scheinbar ziemlich wahllos zu. Die Bezeichnungen lassen sich in Gruppen wie Namen aus dem Pflanzen- und Tierreich, Bezeichnungen aus dem menschlichen Alltag, religiöse und amtliche Benennungen, Instrumente und Handwerkszeuge sowie vieles andere einteilen. Darunter finden sich solche Namen wie der Wurstbügel (Hauptstraße 67), die Baßfiedel (Glockengasse 21), die große Schildkröte

*Die heutige Kindertagesstätte im Oberfleck trägt den Namen „Der stolze Pfau".*

*Am Ende einer Gasse verbirgt sich hinter einem Hoftor das baugeschichtlich bedeutendste Haus Wallhausens – der aus dem 16. Jahrhundert stammende Schieferhof, auch „Ritterspiel" genannt.*

(Oberfleck 108) und der Regenbogen (Hauptstraße 134). Sicher stand auch in einigen Fällen der jeweilige Erwerbszweig Pate. Das aus heutiger Sicht baugeschichtlich bedeutendste Haus, ein Renaissancefachwerkbau aus dem 16. Jahrhundert, erhielt den Namen „Ritterspiel", heute bekannt unter dem Namen Schieferhof (Oberfleck 73). Ob an jedem der Häuser ein sichtbares Schildzeichen wie am „Schwarzen Wolf" angebracht war, ist nicht bekannt. Eine solche Schildzeichenvergabe für einen ganzen Ort ist in der Goldenen Aue einmalig. Möglicherweise hat der Justizamtmann Christian Amhoff diese Sitte aus einer anderen Region übernommen. Amhoff verfasste im Jahre 1670 auch ein Register der Häusernamen und Schildzeichen. Die Unterscheidung der Grundstücke durch Namen war bestimmt sehr praktisch, da es zu jener Zeit noch nicht üblich war, alle Häuser mit Nummern zu versehen. Nun bestand eine gewisse Ordnung und bessere Übersicht, vor allem bei den Abgaben.

Zum Heimatfest im Jahre 1958 malte Rudi Bohne für jedes Haus ein Schildzeichen, das während der Festtage von außen sichtbar angebracht war. Viele Familien haben diese Schilder behalten. Anlässlich der 1100-Jahr-Feier im Jahre 2008 wurden erneut Schildzeichen gemalt und von den Hausbesitzern angebracht.

## Heimatfeste und Jubiläumsfeiern

Vom 30. Mai bis zum 8. Juni 2008 fand in Wallhausen die 1100-Jahr-Feier der ersten urkundlichen Erwähnung statt. In einem sehr schönen Festumzug aus rund 40 Bildern mit mehreren hundert Teilnehmern hielt man Rückschau auf die bewegte Historie des Ortes. Der Ort Wallhausen, einst Pfalzenstandort und gräfliche Residenz der Asseburger, hat eine lange und reiche Geschichte. Zur Veranstaltung kamen tausende Besucher. Mehrere Festschriften und viele Andenken entstanden zu diesem besonderen Anlass.

Bereits 100 Jahre früher feierten die Wallhäuser vom 20. bis 22. Juni 1908 ein Heimatfest unter dem Motto: „Zur Erinnerung an die Kirchweihe vor 500 Jahren und an die Hochzeit Heinrich des Vogelstellers vor 1000 Jahren". Das Datum war damals nicht zufällig gewählt, sondern bezog sich auf die Weihe der Kirche „St. Petri und Pauli" am 20. Juni 1408. Ideenträger und Hauptinitiator war der Ortspfarrer und Hobbyhistoriker Max Trippenbach (1862–1941), der sich ausgiebig mit der Geschichte Wallhausens beschäftigte. Er leitete auch die öffentliche Versammlung im Ratskeller am 7. Januar 1908, bei der das Festprogramm vorgestellt wurde. Damals wurde der geplante historische Festzug „von der Höhe der bald einzusammelnden freiwilligen Gaben" abhängig gemacht. Die weiteren Vorbereitungen übertrug man einem 20-köpfigen Festausschuss, dem noch ein aus 14 Personen bestehender Ehren-Ausschuss beigeordnet war. Sie setzten sich aus Vertretern der Ortsbehörden, der Bürgerschaft und den Vereinsvorsitzenden zusammen. Das Geld muss zusammengekommen sein, jedenfalls fand am Sonntag, dem 21. Juni 1908 ein aus acht Bildern bestehender historischer Festumzug statt. Der Festherold stellte die Figur des Johann Jacobi von Wallhausen dar. Ihm folgten Gruppen, die die Gründung des Königshofes Wallhausen, den Einzug Heinrichs des Vogelstellers zur Hochzeit, die in Wallhausen weilenden deutschen Kaiser, die Kirchweihe durch den Weihbischof, die Predigt Martin Luthers, den Durchzug der Salzburger Emigranten im Jahre 1732 und die Rückkehr der siegreichen Truppen nach dem Krieg gegen Frankreich im Jahre 1871 darstellten. Mehr als 200 Personen und 30 Reiter nahmen daran teil.

*Heimatfest 1908. 200 Personen und 30 Reiter stellten acht Bilder aus der Geschichte Wallhausens dar.*

Am Vormittag des gleichen Tages fand in der Kirche ein Festgottesdienst zur 500-jährigen Kirchweihfeier statt. Am Nachmittag folgte nach dem Festzug auf dem Bäckerplan die Aufführung des Festspiels „Wallhausens große Tage“, verfasst von Trippenbach. 500 Sitzplätze waren aufgebaut, wer noch einen Stehplatz wollte, musste 50 Pfennige Eintrittsgeld bezahlen. Eintritt kostete auch die historische Ausstellung im Ratszimmer. Laut Pressebericht konnte man für 30 Pfennige zehn Minuten darin verweilen. Es entstand sogar die Idee, mit den ausgestellten Gegenständen später ein Wallhäuser Heimatmuseum zu gründen. Am dritten und letzten Tag ehrten die Ausschüsse die Veteranen unter der Friedenseiche mit Eichenlaubkränzen und pflanzten gemeinsam auf der „Heergölde“ eine Gedächtnis-Linde.

Das Fest muss ein großer Erfolg gewesen sein. Sogar ein telegrafischer Huldigungsgruß von Kaiser Wilhelm II. ging in Wallhausen ein. Auf 4.000 bis 5.000 wurden die Zuschauer beim Festzug geschätzt, 2.500 sollen das Festspiel verfolgt haben.

50 Jahre später, am 21. und 22. Juni 1958, gab es eine Neuauflage des Heimatfestes. Die Festschrift trug den Titel „Zum Gedächtnis der ersten geschichtlichen Erwähnung von Wallhausen vor 1050 Jahren“. Das Jubiläum der Kirchweihe hatte man nicht mit in das Programm aufgenommen. Dafür gab es am Sonnabend mit dem „Umzug der Pioniere und Schüler“ sowie der „Ring-Frei-Sendung“ auf dem Festplatz eigene Programmteile nur für die Kinder. Den Nachmittag gestalteten die Kulturgruppen des Ortes und das Ensemble des Thomas-Münzer-Schachtes Sangerhausen. Der Höhepunkt am Sonntag war der historische Festzug. Insgesamt 23 Gruppen stellten Bilder von der Gründung Wallhausens, der Hochzeit Heinrichs I., die in Wallhausen weilenden Deutschen Kaiser

Heimatfest 1958. Rund 400 Personen nahmen am großen Festumzug teil.

Heimatfest zur 1050-Jahr-Feier im Juni 1958.

*Festumzug zur 1100-Jahr-Feier im Juni 2008: „Die Franken ziehen ein." In rund 40 Bildern wurde an die Geschichte Wallhausens erinnert. „Kaiser Barbarossa hoch zu Pferd" (Bild rechts). Im Jahre 1169 hatte der Kaiser in Wallhausen einen Reichstag abgehalten.*

und Szenen aus dem Leben der Bauern und des Bauernstandes im Jahre 1525 dar. In Erinnerung an das Stadtrecht wurde auch eine nachempfundene Ratssitzung der Stadtväter gezeigt. Ebenfalls dabei waren die „Wallhäuser Kirschen". Die letzten Bilder stellten Ereignisse nach dem Zweiten Weltkrieg dar, so auch die Bodenreform und die Entwicklung der Landwirtschaft und Industrie. Die letzte Gruppe zeigte die „Wesenszüge der Politik des Arbeiter- und Bauern-Staates". Am Umzug waren 400 Personen, 33 Reiter und 15 Festwagen beteiligt. An der Gestaltung der Wagen wirkte auch der Sangerhäuser Kunstmaler Wilhelm Schmied mit. Viele Häuser trugen an diesem Tag wieder ihr Hauszeichen, gestaltet nach dem im 17. Jahrhundert vergebenen Hausnamen. Das damalige Organisationskomitee umfasste 20 Personen. Die Presse berichtete von über 10.000 Besuchern. Auch der „DEFA-Augenzeuge" war mit vor Ort und hielt das Ereignis fest. Die Festansprache hielt Otto Fleischer von der SED-Kreisleitung Sangerhausen. Zum Abschluss des Tages gab es ein Großfeuerwerk.

# X. Brücken

## Freiheiten und Rechte

In einer Urkunde vom 3. September 1518 verlieh Maximilian I., Kaiser des Heiligen Römischen Reiches Deutscher Nation, in Augsburg dem kleinen Ort Brücken in der Goldenen Aue das Markt- und Stadtrecht. Zuvor hatte ihn sein Erbkammertürhüter und Inhaber der Herrschaft Brücken, Hans von Werthern, darum gebeten. Jener hatte im Jahre 1498 die Herrschaft Brücken für 9.500 Gulden gekauft. Dazu gehörten die Dörfer Brücken und Hohlstedt sowie zwei wüste Dorfstätten. 1501 erfolgte die Belehnung durch den Herzog Georg von Sachsen.

Der Kaiser bescheinigte in der Urkunde, „dass er das Dorf Brücken zu einem Markt erhebt und die lebenden Personen und ihre Nachkommen zu Bürgern macht, auch mit allen Gnaden, Freiheiten und Rechten wie es andere Märkte, Städte und Bürger im Fürstentum Thüringen haben". Alle weltlichen und kirchlichen Herrscher wurden angewiesen, sich daran zu halten. Wer dagegen verstieß, sollte in Ungnade fallen und 20 Mark in Gold als Strafgeld entrichten. Davon fiel die Hälfte in das Säckel des Kaisers und die andere stand denen von Werthern zu.

Hans von Werthern ließ 1534 durch seinen Kornschreiber Andreas Sußbach ein Stadtbuch anlegen, worin alle Zinsen und Abgaben sowie die Rechtsfälle aufgezeichnet worden sind. Dieses Buch ist erhalten geblieben. Das älteste Siegel von Brücken stammt aus dem Jahre 1520 und trägt die Inschrift „SIGILL CIVITATIS BRVGEN" und zeigt den heiligen Aegidius.

Nach Erhalt des Stadtrechts wurde Brücken mit einer Mauer und steinernen Toren gesichert. Davon haben sich lediglich die Flurnamen erhalten. Die Mauer verlief im Hinterfleck, Kirchgasse und Sittendorfer Weg. In der Kirchgasse war bis vor einigen Jahrzehnten noch ein alter Mauerzug von einem Meter Stärke sichtbar, der vermutlich noch aus dem 16. Jahrhundert stammte. Die Mauer am heutigen Sittendorfer Weg ist

*Blick von der Heide auf Brücken. Im Jahre 1518 verlieh Kaiser Maximilian dem Ort das Stadtrecht.*

*Nach 1500 ließ Hans von Werthern das Schloss in Brücken errichten.*

wesentlich jünger, markiert aber hier noch den Verlauf der einstigen Stadtmauer. Vor der Mauer befand sich nach überlieferten Angaben ein bis zu 15 Meter breiter Graben, der erst im 19. Jahrhundert verfüllt wurde. Das Obertor lag im Süden und schloss die Straße nach Hackpfüffel. Im Osten, Richtung Riethnordhausen, befand sich das Untertor. Durch das auch Sangerhäuser Tor genannte Badstubentor gelangte man nach Wallhausen. Wann genau der Abriss der Tore erfolgte, ist nicht überliefert. 1820 fiel die Accise für die durchreisenden Händler weg, somit erlosch auch die Funktion der Stadttore als Zollschranken und sie waren lediglich noch ein Verkehrshindernis. An einem Grundstück in der Hauptstraße in der Nähe des einstigen Untertores war früher die Inschrift „Svm 1822" zu lesen. Möglicherweise wurde beim Bau dieses Hauses auch das alte Tor mit abgerissen.

Ob sich der Markt zu einer lokalen Größe entwickelte, ist nicht überliefert. Im Jahre 1743 erteilte der sächsische Kurfürst Friedrich August den von Werthern das Privileg, außer dem jährlichen Jahrmarkt noch einen Vieh- und Pferdemarkt abhalten zu dürfen. Beide Märkte sollten zusammen am Dienstag nach Kreuzes Erhöhung (5. Sonntag nach Ostern) auf der Weide vor dem Badstubentor stattfinden. Im 19. Jahrhundert war dieser Markt am Einschlafen. In einem zeitgenössischen Bericht heißt es: „Und von den wenigen, aber treuen Händlern, die den Markt alljährlich mit ihren Buden beschicken, schließt einer nach dem anderen die Augen und kommt nicht wieder."

1831 erklärte Brücken, die Städte-Ordnung nicht anzunehmen und in die Kategorie der Landgemeinden überzutreten. 1840 wurde die Einführung der Städte-Ordnung erneut abgelehnt.

## Gräberfeld am Taubenborn

In den Sommerferien des Jahres 1931 griff der Gutsbesitzersohn Walter Hertzer (1917–1942) zum Spaten und begann, in der Nähe des Steinbruches am Taubenborn nach urgeschichtlichen Funden zu graben. Schon seit vielen Jahren interessierte er sich für die Archäologie und besonders für die Funde aus seinem Heimatort. Angefangen hatte es damit, dass Förster Richard Kühnemund ihm seine Sammlung zeigte. Jener hatte in

*In der Dauerausstellung des Spengler-Museums in Sangerhausen ist eine Auswahl der von Walter Hertzer in Brücken geborgenen Funde aus der Latènezeit zu sehen.*

der Brück'schen Flur zahlreiche Steinbeile, Bronzeäxte, Keramikgefäße, Perlen usw. gefunden und aufgehoben. Kühnemund wusste zu jedem Stück auch eine Geschichte zu erzählen. Allmählich fing Hertzer selbst an zu sammeln. Aber der richtig große Fund ließ auf sich warten, bis er in jenem Sommer in den Steinbruch ging. Schon früher waren hier einige Urnen gefunden worden. Hertzer hatte Glück und stieß bald auf die erste Urne. Der Pflug hatte sie schon erfasst, sie enthielt aber noch alle Beigaben, darunter eine Bronzefibel, eine eiserne Spange und ein Messer aus Eisen. Dicht beieinander stehend, fand Hertzer insgesamt 51 Brandbestattungen. Die Urnen waren oft schon sehr mürbe und Hertzer festigte sie an Ort und Stelle mit Leim. Einige enthielten auch Beigaben wie Fibeln, Messer, Armbänder aus Metall und Glas.

Aus der Literatur waren ihm die verschiedenen Kulturstufen bekannt und an Hand der charakteristischen Merkmale erkannte Hertzer, dass es sich um Funde aus der Latènezeit handelt. Er hatte die Reste von vermutlich zwei Gräberfeldern geborgen. Die Vergleichsstücke fand er in Nordhausen, im vorgeschichtlichen Museum in Halle und im Völkerkundlichen Museum in Berlin. Den Beigaben nach handelte es sich um Frauen- bzw. Kinderbestattungen. Den Grabungsbericht fasste er 1937 in einer Jahresarbeit als Schüler eines Landerziehungsheimes zusammen. Alle Funde blieben zunächst in seinem Brückener Elternhaus. Eine erste wissenschaftliche Bearbeitung und Bekanntmachung erfolgte durch Thea Elisabeth Haevernick aus Marburg.

Hertzer wurde Soldat und fiel 1942. Nach Kriegsende entdeckte man im Rahmen der Bodenreform seine Sammlung. Gustav Adolf Spengler stellte die Funde im Auftrag des Präsidenten der Provinz Sachsen im Juli 1946 sicher und nahm sie mit nach Sangerhausen. Heute ist ein Teil von Hertzers Sammlung in der Dauerausstellung des Spengler-Museums zu sehen.

## Morde und Unglücksfälle

Am 27. Januar des Jahres 1581 wollte Gertraud Hutgen in Brücken aus dem Mühlgraben Wasser schöpfen. Dabei stürzte sie ins Wasser und die Kleider schlugen ihr über dem Kopf zusammen. Erst an der Brücke vor dem Weidegassentor konnte sie, nur noch tot, herausgezogen werden.

In der Sandgrube an der Trift auf die Heide gab es am 20. Juni 1587 einen tödlichen Unfall. Christine von Vochstedt wurde beim Sandabgraben von herabstürzenden Brocken erschlagen. In vielen Häusern wurde um diese Zeit Sand auf den Fußboden gestreut, vermutlich wollte auch sie welchen holen.

Am 15. Januar 1591 wurde die Tochter des einstigen Schafhirten Josuf Gerstenberg begraben. Ihre Mutter hatte auf einem gepflügten Acker Bilsen-Wurzeln (Bilsenkraut ist ein Nachtschattengewächs) ausgegraben. Sie dachte, es wären Rübenwurzeln und kochte sie zusammen mit Schöpsenfleisch (Hammelfleisch). Ihr Mann und ein Sohn überlebten die Vergiftung.

Am Nachmittag des 25. Mai 1591, es war Pfingstdienstag, brach in Brücken zwischen vier und fünf Uhr an verschiedenen Stellen Feuer aus. Innerhalb weniger Stunden brannten 65 Wohnhäuser, 50 Scheunen ohne Hinterhäuser und Ställe ab. Auch die Kirche wurde vom Feuer erfasst. Alle fünf Glocken schmolzen, die Uhr und die Orgel verbrannten.

Am 23. Dezember 1595 kam die alte Scheibin auf dem Weg zwischen Brücken und Riethnordhausen bei heftigem Wind ums Leben. Erst sechs Tage später wurde sie gefunden.

1597 starben 68 Personen. Die meisten fielen der im August ausgebrochenen Roten Ruhr zum Opfer. Das Sterben ging auch 1598 weiter. So gab es vom 14. Dezember bis zum 18. Februar keine Kirchenbucheintragungen. Später ist vermerkt: „So kommt es auch vor, dass Mann und Weib in ein Grab gelegt werden."

Der Bader Hans Brauer warf am 10. Juni 1600 mit einem Messer nach seiner Frau. Dabei traf er den Kopf des Kindes auf ihrem Arm. Dieses starb neun Tage später. Brauer flüchtete aus Brücken.

Am 20. Dezember 1612 wurde ein „ziehmlich groß Mägdlein" beigesetzt. Man hatte es am Sonnabend zuvor beim alten Teich am Taubenborn gefunden. Gerichtspersonen stellten den Tod fest und brachten den Körper in die Kirche. In der Kirchenchronik heißt es: „Es hat sich aber kein Mensch gefunden, dem es gehört hätte und ist vom Pfarrer und Schulmeister gratis nach gehaltener Vesperpredigt begraben worden."

Als Heiko Joch vor ein paar Jahren bei Aufräumungsarbeiten auf seinem Grundstück in Brücken unter vielen alten Steinplatten einen rotfarbenen Sandstein mit einer Inschrift fand, staunte er nicht schlecht. „Nachdem die Oberfläche sauber war, konnte ich auch einen Teil der Inschrift lesen", erklärt er. Sie lautet: „Anno 1616. DEN 20 FEBRVARV IST DER WOLWEISE VND VORSICHTIGE HER ANDREAS." Der Rest ist verwittert. Der Sangerhäuser Steffen Döhring, der in seiner Freizeit familienkundliche Anfragen an die Kirchengemeinde Brücken bearbeitet, fand in einem der Kirchenbücher die Lösung des Rätsels. Es handelt sich um den Leichenstein für den am 20. Februar 1616 verstorbenen Bürgermeister Andreas Schönau. Seine Beisetzung erfolgte zwei Tage später um 11 Uhr vormittags auf dem Friedhof. In der Brück'schen Chronik ist vermerkt, dass Schönau um 1550 geboren ist. Am 6. Juli 1578 heiratete er Elisabeth Vocke. Sein Schwiegervater war einer der Bürgermeister der Stadt Brücken. Vocke starb im gleichen Jahr und das Amt übernahm dessen Sohn Jacob. Wann sein Schwiegersohn Schönau Bürgermeister wurde, ist nicht überliefert.

*Die Sankt-Aegidien-Kirche in Brücken wurde bei einem Großbrand im Mai des Jahres 1591 schwer beschädigt. Der Seyer (Uhr) und die Orgel verbrannten, alle fünf Glocken schmolzen im Feuer.*

## „Wir hatten alle nur Angst“

„1941 trat ich mein Pflichtjahr bei Familie Schmiedgen in der Hauptstraße an. Dort arbeitete auch Felix, ein 16-jähriger Pole. Er musste nicht wie die anderen Fremdarbeiter auf dem Saal in Angelsteins Gaststätte übernachten, sondern blieb im Haus“, erinnert sich Gertraud Schildknecht (Jahrgang 1926). Über einen alten Zimmermann aus dem Ort, der damals in Polen arbeitete, nahm Familie Schmiedgen sogar Kontakt mit der Familie des Jungen auf, den man von der Straße weg nach Deutschland verschleppt hatte. „Eigentlich war das streng verboten“, sagt sie. „Ich habe erst nach dem Krieg davon erfahren. Ebenso war es verboten, dass er beim Essen mit am gleichen Tisch saß. Daran hat man sich gehalten.“ Felix blieb bis zum Kriegsende in Brücken.

Ende 1943 wurde Frau Schildknecht nach Sangerhausen in die Mifa-Werke kriegsdienstverpflichtet. Dort arbeitete sie bis zum Februar 1945 in der Rüstungsproduktion. „Ab Februar war Schluss, es fuhren kaum noch Züge, ständig gab es Tieffliegerangriffe“, berichtet sie. „Fast jeden Abend war Fliegeralarm. Wir liefen dann schnell in den Schießstand in der ‚Hohle‘. Dort hatten sich viele Einwohner aus dem Ort Löcher in den Hang gegraben und suchten Schutz darin. Das war eine schlimme Zeit, keiner traute sich wegen der Nazis im Ort etwas zu sagen. Manche Familien hatten ein Radio zu Hause. Die haben dann immer gesagt, der Russe kommt näher und der Krieg geht zu Ende. Aber wann, das haben wir nicht gewusst.“

„Am Vormittag des 12. April standen wir gerade bei Kaufmann Otto Trolle wegen ein paar Lebensmitteln an,“ erinnert sich Frau Schildknecht weiter. „Da hörten wir aus Richtung Hohlstedt lautes Motorengeräusch. Man rief: ‚Der Ami kommt!‘ Schnell rannten alle nach Hause.“ Den Sittendorfer Weg entlang, über das Hinterfleck, die

*Gertraud Schildknecht auf dem Brückener Friedhof am Grab eines unbekannten deutschen Piloten. Er war in der Nacht vom 11. zum 12. April mit einem Jagdflugzeug auf dem Kalkberg abgestürzt.*

Hauptstraße und die Weidengasse rollten stundenlang ununterbrochen amerikanische Panzer und Armeefahrzeuge durch Brücken. Weitere Truppen kamen aus Richtung Hackpfüffel dazu. „Wir hatten alle nur Angst", berichtet sie weiter. „Als wir merkten, dass nicht geschossen wurde, gingen wir vor die Tür und schauten zu. Viele hatten weiße Bettlaken in den Händen und winkten."

Der damalige Lehrer Curt Troitzsch hat in der Schulchronik vermerkt, dass in der Nacht zuvor auf dem Kalkberg in Richtung Hackpfüffel ein deutsches Jagdflugzeug abgestürzt war. Dabei war der Pilot ums Leben gekommen. Seine Überreste wurden nach der Bergung des Flugzeuges in den 1990er-Jahren auf dem Friedhof in Brücken beigesetzt. Der Grabstein trägt das Todesdatum 10. April 1945.

Troitzsch schreibt weiter, dass in den frühen Morgenstunden des 12. April zwölf deutsche Soldaten durch den Ort zogen und mit zwei Goliaths (Zwergpanzern) den Steinbruch westlich der Hackpfüffeler Straße besetzten. Sie griffen aber nicht an und wurden am Nachmittag von den Amerikanern gefangen genommen. Diese schossen auch die Feldscheune auf dem Taubenberg in Brand, da sie hier deutsche Soldaten vermuteten. Dabei kam eine fremde Zivilperson, die dort Unterschlupf gesucht hatte, ums Leben. Im Laufe des Tages durchkämmten die Amerikaner jedes Haus. Sie suchten nach weiteren deutschen Soldaten und Waffen. In vielen Häusern wurden Zimmer beschlagnahmt. So auch bei Therese Weidemann in der Kirchgasse 57. Ihre Enkelin, Gertraud Schildknecht, berichtet: „Wir mussten die Stube räumen. Die Amerikaner haben Schlafsäcke mitgebracht und sich hingelegt. Viele Familien mussten ihre Häuser ganz verlassen."

Nach und nach legte sich die Angst unter den Menschen. Das Leben beruhigte sich wieder im Ort. Die führenden NSDAP-Leute waren verhaftet worden. Die Fremdarbeiter blieben noch einige Zeit in Brücken. Verschiedentlich kam es durch sie zu Plünderungen. In dieser Zeit fanden auf dem Saal der Gastwirtschaft regelmäßig Einwohnerversammlungen statt.

# XI. Riethnordhausen

## Wie Riethnordhausen zu einer Gaststätte kam

Noch 20 Jahre nach dem Dreißigjährigen Krieg muss es in dem kleinen Ort Riethnordhausen sehr trostlos ausgesehen haben. Am 21. Januar 1669 schilderte Einwohner Hanß Rohland dem Amtsschösser in Sangerhausen folgende Situation: „Durch das Dorf Riethnordhausen geht eine öffentliche Straße. Ständig klagen die Fuhrleute, dass es hier keinen Gasthof mehr gibt. Sie geben an, dass sie nachts beim Rasten im freien Feld oft überfallen und ausgeraubt werden. Zwischen Riethnordhausen und Martinsrieth ist ein tiefer Morast, worin sie mit ihren Wagen immer stecken bleiben."

Es heißt weiter in dem Brief: „Früher gab es gegenüber meinem Haus einen Gasthof, der ist aber seit dem großen Brand im Jahre 1632 völlig verwüstet." Dann klagt Rohland über die hohen Abgaben: „Ich muss auf mein Gütlein jährlich hohe Abgaben leisten, das Haus hat hohe Steuern und Geschosse. Auf den Acker muss ich jährlich 146 Scheffel Getreidezins geben, zusätzlich noch Abgaben an das Amt leisten. Ich bin vor zwei Jahren von einem Dach gefallen und kann keine schweren Arbeiten mehr verrichten. So habe ich mich für den Neubau der Scheune und Ställe hoch verschulden müssen." Abschließend bat er den Amtsschösser, ihm das Beherbergungsrecht zu erteilen und das Grundstück mit dem Privileg eines öffentlichen Gasthofes zu versehen.

Bereits einen Monat später bekam er Antwort. Hanß Rohland wurde das Privileg erteilt, „mit der Freiheit und dem Recht einen Gasthof nach Landessitte und Gebrauch zu betreiben". Ihm wurde auferlegt „tüchtige Stuben und Ställe" zu schaffen. Zur Verhütung der Feuersgefahr durfte kein Tabak geraucht und übermäßig getrunken werden. Niemandem war es erlaubt, mit offenem Feuer in die Ställe gehen, auch waren Üppigkeiten und Schlägereien dem Schulzen anzuzeigen. „Er soll sich verhalten, wie es einem fleißigen und tüchtigen Gastwirt geziemt."

*Das Dorfgemeinschaftshaus, die ehemalige Gemeindeschenke, in Riethnordhausen.*

## Der Erfinder des Motorfluges

Am 10. August 1888 stieg auf dem Seelberg in Cannstatt erstmalig ein motorbestücktes lenkbares Luftschiff auf. Sein Konstrukteur war Friedrich Hermann Wölfert, der am 17. November 1850 in der kleinen Gemeinde Riethnordhausen bei Sangerhausen als sechstes Kind der Eheleute Friedrich Wilhelm Ludwig Wölfert und Johanne Wilhelmine Wölfert, geborene Brambach, das Licht der Welt erblickt hatte. Wölferts Vater war Gastwirt in der Gemeindeschenke, dem heutigen Dorfgemeinschaftshaus.

Über die Kindheits- und Jugendjahre von Wölfert ist bisher kaum etwas bekannt. Wenige Jahre nach der Geburt verließ die Familie Riethnordhausen und zog nach Schönfeld bei Artern. Dort besuchte der Junge von 1856 bis 1860 die Dorfschule. Im Jahre 1870 nahm Wölfert an der Universität in Leipzig ein Theologiestudium auf. Er wohnte zu dieser Zeit in Leipzig und sein Vater war Gutsbesitzer. Nach fünf Semestern verließ er 1873 die Universität und gründete, ebenfalls in Leipzig, eine Verlagsbuchhandlung. Unter den zahlreichen verlegten Publikationen befand sich auch zwei Jahre lang eine Wochenschrift mit dem Titel „Zeitschrift des Allgemeinen Deutschen Vereins gegen Verfälschung der Lebensmittel". „Wölfert gehörte dem Vorstand des Vereins an", schreibt Peter Kleinheins in seinem Buch „Die Motorluftfahrt begann vor hundert Jahren". In der Zeitschrift wurden viele Verstöße und Betrügereien von Lebensmittelproduzenten aufgedeckt und darin öffentlich bekannt gemacht. 1874, inzwischen zum Doktor promoviert, heiratete Wölfert.

Um 1880 wandte er sich der Aeronautik zu. Die Bekanntschaft mit dem Luftschifferfinder Georg Baumgarten soll ihn dafür begeistert haben. Beide wollten mit einem angetriebenen Propeller ein Luftschiff steuern. Nach einigen erfolglosen Versuchen mit Muskelkraft trennten sich ihre Wege. Dazu kamen finanzielle Probleme, Wölferts Kapital war aufgebraucht und er experimentierte allein weiter. Insgesamt sieben Luftschiffe entstanden unter seiner Anleitung. 1887 stellte ihm Gottlieb Daimler seinen Benzinmotor vor. Wölfert baute ihn in ein Luftschiff ein – dieses hob am 10. August 1888 ab.

Neun Jahre später kamen Friedrich Hermann Wölfert und sein Mechaniker Robert Knabe bei einem Unfall mit dem Luftschiff in Berlin ums Leben. Sie gelten als erste Todesopfer der motorbetrieben Luftfahrt.

In Riethnordhausen erinnert eine am Dorfgemeinschaftshaus angebrachte Gedenktafel an den hier geborenen Friedrich Hermann Wölfert und seine Leistungen.

*Erinnerungstafel für Friedrich Hermann Wölfert am Dorfgemeinschaftshaus in Riethnordhausen.*

# XII. Martinsrieth

## Fastnachtsverein und Tradition

Wohlverwahrt in einer alten Holzlade ruhen in Martinsrieth seit zwei Jahrhunderten die Akten der „Hochlöblichen Trescherzunft". Einmal im Jahr wird die Truhe zu Fastnacht vom Altmeister, im Jahre 2009 war dies Werner Wolf, und den fünf Jungmeistern mit der alten Fahne in die Gemeindeschenke gebracht.

Unter Begleitung einer Musikkapelle ziehen drei Jungmeister anschließend von Haus zu Haus und bringen ein dreifaches „Lebehoch" auf die jeweiligen Bewohner aus und ein Ständchen wird gespielt. Dafür gibt es Naturalien, wie Eier oder eine Bratwurst. Viele geben den Fastnachtsmännern inzwischen Geld. Auch in diesem kleinen Helmeort ist die Zeit fortgeschritten: Nur noch wenige Einwohner schlachten selbst oder halten Hühner. Sorgfältig führt Jungmeister Lutz Gerth die „Abgabenliste". Zum Abschied wird zur „Stärkung" auch das eine oder andere Mal ein Schnaps eingeschenkt.

„Hier ist mein Quartalsgeld", heißt es währenddessen in der Gemeindeschenke. Wie seine Vorgänger saß Altmeister Wolf auch im Jahre 2009 unter der alten Fahne hinter der Innungslade und nahm von den Männern des Ortes das Quartalsgeld entgegen. Wer dieses Quartalsgeld zahlt, unterwirft sich der Ordnung des Fastnachtsvereins von Martinsrieth. „Wer nicht ordentlich grüßt, oder die Anrede ‚Jungmeister" und Altmeister' vergisst, muss ein Strafgeld entrichten", erklärt Werner Wolf. „Es gibt zwar in Martinsrieth keine Drescher mehr, aber den alten Fastnachtsbrauch haben wir immer gepflegt." Am großen Tisch sitzen die Männer anschließend bei Freibier noch viele Stunden in geselliger Runde zusammen. „Auch früher ging es dabei recht lustig zu", berichtet der Altmeister weiter. „Unsere Vorgänger haben seit 1809 alles aufgeschrieben."

Wenn die Jungmeister ihren Rundgang beendet haben, trifft man sich wieder in der Schenke. Aus den eingesammelten Eiern und der Wurst gibt es für alle eine kräftige Mahlzeit. Zum Schluss legen sie gemeinsam fest, wer im nächsten Jahr ihr Altmeister sein soll. Den Jungmeistern auf den Fersen folgen die Kinder. Sie sind maskiert und sprechen kein Wort, um nicht erkannt zu werden. Eine kleine Tasche oder ein Körbchen

*Lade und Fahne werden vom Altmeister und den Jungmeistern in die Gemeindeschenke gebracht.*

wird wortlos hochgehalten. Dafür gibt es Süßigkeiten oder auch Geld, das am Nachmittag beim Kinderkarneval gebraucht wird.

Ursprünglich versammelten sich zu Fastnacht sämtliche Dreschermeister des Ortes. Der Obermeister oder Oberälteste trug ihnen dann die alten Matrikel vor. Sie liegen seit 1809 schriftlich vor. Darin heißt es in sprachlich angepasster Form:

**Die alten Matrikel der Drescherzunft**

Die Hoch Löbliche Trescher Zunft besagt, wie ein jeder Meister sich verhalten soll, wenn jährlich auf der Hauptzusammenkunft zu Fastnacht und auf der Quartalsversammlung zu Johanni die nachstehenden Artikel durch den Obermeister und den Oberältesten den öffentlichen Meistern vorgelesen werden. Keiner darf dabei einen Hut oder eine Mütze auf dem Kopf tragen, keine Tabakspfeife im Mund haben, damit den Oberältesten der Tabaksqualm nicht stört und es darf nicht geredet und gelacht werden. Wer dagegen verstößt, muss ein Dutzend Pfennigpfeifen in die Lade geben. An diesem Tag muss auch die beste Kleidung angelegt werden. Dem Meister darf man nicht „übers Maul fahren", keine groben Worte sagen und keinen „gemeinen Knaster oder Nusslaub anstatt des Tabaks" rauchen. Als Strafe müssen ein Dutzend Pfennigpfeifen in die Lade gelegt und zwei Pfennige Bargeld zum Branntwein für den Visitator gegeben werden.

1. Artikel: Es soll kein Trescher, er sei in der Stadt oder auf dem Land, mehr als zwei Lehrjungen beschäftigen. Diese sollen wenigstens 18 Jahre alt und „stark von Knochen sein, den Flegel zu regieren".

2. Artikel: Die Jungen sollen beim Aufdingen und Lossprechen nicht mit überflüssigen Kosten beschwert werden. Sie geben ein Stübgen Bier und bei der Zusammenkunft ein paar Schafskäse, frische Semmeln und zwei Stübgen Bier.

3. Artikel: Unter zwei Jahren soll keiner los gegeben werden, weil das Lehrgeld mit darinnen steckt. Wer davon läuft, soll ein Jahr nachlernen oder lebenslang vor einen „Fuscher" oder „Bäusaßen" gehalten werden. Beim Empfang des Lehrbriefes soll jeder Zunftgenosse ein Maß Bier, einen halben Hering oder einen Käse bekommen oder ein Groschen in die Lade gelegt werden. Der Visitator bekommt vier Pfennige Schreibgebühr.

4. Artikel: Ein jeder soll seinen Lehrling dazu anhalten, ihm das Werkzeug nachzutragen und Gehorsam gegenüber dem Oberältesten und Visitator zu sein.

5. Artikel: Es soll auch kein fremder Trescher, der nicht seine zwei Jahre völlig ausgestanden und ohne vorherige Meldung, bei einer ehrbaren Zunft hiesigen Ortes Arbeit annehmen, es sei denn alle Meister haben genügend Arbeit. Die Strafe beträgt zwei Dutzend Pfennigpfeifen, drei Käse und einen halben Batzen.

6. Artikel: So lehrt die tägliche Erfahrung, das viele von uns beim Treschen keinen Takt und Melodie halten, sondern geschwind „klippen und klapffen wie eine Windmühle", auch über die Garben „dahinwischen" und sie legen auch

gegen den Brauch zwölf und dreizehn und mehr Garben an. Die Strafe beträgt einen hölzernen Teller in die Lade.

7. Artikel: Weil auch zwei, drei bis vier Trescher auf einmal in einer Scheune dreschen, soll jeder darauf achten, die „Tresche und die faulen Knochen vom Leibe zu halten". Auch sollen sie den Takt beobachten, bei dreien: „in Winder mein Günther so Tristscht man, das Korn wens kalt ist nicht Alt bist, und Tapffer gefrohren", bei vieren: „aber Fleisch in Töpffen laß uns Höpffen". Wer dagegen handelt, wird mit dem „Weidemesser" abgelohnt, mit dem Bauch auf eine Schütte Stroh gelegt und bekommt vom Jungmeister mit der Wurfschaufel vierzig Streiche auf den Hintern.

8. Artikel: Es soll auch jeder neue Trescher, wenn er zum ersten Mal die Arbeit antritt, seinen Kameraden ein Stübgen Bier und ein par Käse erlegen.

9. Artikel: So soll auch ein jeder, bevor er zum Treschen anhebt, sein Werkzeug den Visitatoren vorzeigen und in der Scheune allen Zank vermeiden. Die Strafe beträgt einen neuen Flegel oder einen Groschen in die Lade.

10. Artikel: Ein Trescher soll früh um sechs Uhr in der Scheune stehen und abends halb sieben Uhr aufhören. Beim Heimgehen soll er seine weiten Hosen durch den Herrn kontrollieren lassen. Die Strafe beträgt eine neue Handhabe und zwei Pfennige zum Brandwein für den Visitator.

11. Artikel: Des Pfeiffens (Rauchen) sollen sich die Trescher bei der Arbeit in den Scheunen ganz enthalten. Die Strafe beträgt eine Kanne Bier und eine Pfennigpfeife aus rotem Ton für den Visitator.

12. Artikel: Die Trescher, die nachts arbeiten, zahlen einen Groschen Strafe in die Lade. Es soll alles bei Tag geschehen. Ein jeder Meister soll nach der Regel arbeiten: „drisch deine Garben hübsch und rein, so wird die Ehre deine sein." Wer die Schütten zu groß macht, gibt als Strafe sechs Zoll Käse und einen halben Batzen in die Lade.

13. Artikel: Es lehrt auch die tägliche Erfahrung, dass sich hin und wieder Fuscher in die Scheunen einschleichen. Welcher Meister mit so liederlichem Werkzeug kommt, wo der Klöpfel kaum ein halbes Pfund schwer und die Handhabe (Stiel) drei Viertelellen lang ist, fällt in Strafe von vier Pfund Schmierkäse, einer Kanne Koffent und für einen Groschen Brot. Eines rechtschaffenen Meisters Klöpfel wiegt wenigstens drei Pfund und die Handhabe ist neun Viertelellen lang. Auch der Harken muss instand gehalten werden und es darf kein Krummet- oder Laubharken mit zwei oder drei Zoll langen Zinken sein. Diese müssen neun bis zehn Zoll lang sein.

14. Artikel: Es soll auch kein Trescher ohne Wissen und Erlaubnisschein des Oberältesten seine Frau oder Tochter in die Scheune treten lassen. Die Strafe beträgt drei Pfennigpfeifen.

15. Artikel: So geben auch Meister, die geizig sind und nicht einen Heller für ihr Werkzeug ausgeben, sondern sich Abschnitte von Schaf- und anderem untauglichen Leder betteln, eine Strafe von einer halben Metze Korn und einem halben Dutzend hölzerner Teller in die Lade. Damit bringen sie ihre Kollegen in Todesgefahr.

16. Artikel: Die Pumphosen, Stulpenstiefel und weiten Schuhe, „worin man ein paar Viertel einquartieren könnte“, sollen ganz abgeschafft werden. Auch die Strümpfe sollen fein glatt sein. Die Strafe beträgt zwei Zoll Käse und sechs Pfennige in die Lade.

17. Artikel: Jeder Trescher darf sich sonnabends ein Bund Stroh mit nach Hause nehmen.

18. Artikel: Jeder rechtschaffene Trescher soll am Sonnabend ein Bad nehmen und sich den Bart abnehmen lassen. Die Strafe beträgt zwei Pfund „Flaumenfedern“ in die Sesselkissen bei den Würfen und einen Groschen in die Lade.

19. Artikel: Wenn einer den andern die Handhabe in den Rücken schlägt, soll er zur Strafe einen Groschen in die Lade legen. Die Handhabe soll aus Hasel, Holunder oder „Maßholder“ und fein glatt gearbeitet sein. Die Strafe beträgt ein halbes Bauernmaß Bier und „fünfe mit dem Weidemesser von den Waden bis auf den Hintern“. Wer sich dem widersetzt, bekommt von den Jungmeistern 25 Hiebe „von den Hacken bis in den Nacken“ aufgezählt und der Visitator bekommt vier Pfennige zum Brandwein und einen Brief Tabak.

20. Artikel: Wer aus Faulheit die Scheune versäumt, soll jeden Tag vier Groschen geben.

21. Artikel: Wer dem Obermeister und den Beisitzern mit geschorenem Bart, ohne Halstuch und einer Tabakspfeife im Mund sowie mit einem „Ransen“ Brot und Schmierkäse in den Händen essend begegnet, muss zur Strafe zwei Nößel Schlehen und ein Nößel Haselnüsse geben. Wiederholt sich das, sind ein Maß ausgeläufte Hagebutten und ein Groschen in die Lade fällig.

22. Artikel: Das Tabakrauchen in der Scheune ist verboten. Wer dagegen verstößt, wird eine Zeitlang ausgeschlossen und muss drei Maß Bier an Strafe geben. Geschieht es wieder, wird er durch den Jungmeister mit dem Weidemesser, vom Oberältesten mit 15 bis 20 Schütten Stroh abgestraft. Die Jungmeister bekommen ein Viertelnößel Brandwein.

23. Artikel: Das Morgenbrot soll gleich nach acht Uhr und das Abendbrot nach vier Uhr nachtmittags in aller Stille verzehrt und dabei die Beine nicht kreuzweise übereinander geschlagen werden. Bei Strafe eines Groschens in die Lade.

24. Artikel: Die Trescher, die Gerste zum Malzen in die Kübel tragen müssen, sollen von einer Schütte zwölf Maß Bier und vier Brote bekommen. Zu Fastnacht soll den Dreschern ein Eimer Bier, zu Johanni ein halber Eimer Bier und auf jedes Quartal ein Gericht Kraut und Fleisch gereicht werden.

25. Artikel: Wer die Hühnernester durchsucht muss drei Metzen Hühnerkorn an Strafe geben.

26. Artikel: Es gibt „säubesche und unverschämte Kornhämmer“ die ihre Notdurft bei garstigem Wetter nicht im Hof sondern im Stroh verrichten und den Katzen gleich verscharren. Der Verbrecher soll das Stroh bezahlen und dem Herrn zwei Monate lang aller vier Tage das „Secret“ ausfegen und zwei Groschen an Strafe in die Lade legen. Der Visitator bekommt vier Pfennige zum Brandwein.

27. Artikel: Kein Trescher, er sei wer er wolle, darf eine Perücke tragen, er sei Obermeister, Oberältester oder habe den bösen Grind. Der Visitator darf eine Mütze mit Schellen tragen, der Oberälteste und die Beisitzer einen mit Zinn begossenen Stock. Tun sie das nicht, bei Strafe von zwei Kannen Bier, einer Kanne Koffent, für ein Groschen Brot und allen Meistern ein Viertel Rotwurst und einen Groschen in die Lade. Die Jungmeister bekommen vier Pfennige zum Branntwein.

28. Artikel: Wenn ein Junge fast ausgelernt hat und seine Probe im Werfen tun will, ist dahin zu sehen, dass ihm sein Lehrmeister zum ersten Mal reines Weizenkorn oder anderes, gleich schweres Getreide gibt. Weil er noch ungeübt ist und die Körner halb in die Spreu werfen würde. Der Meister der nicht darauf sieht, gibt einen Groschen in die Lade.

29. Artikel: So sollen auch die Trescher, wenn sie die Früchte auf den Boden getragen, von jedem Herrn ein Maß Bier, ein Stück guten Käse und ein Brot erhalten.

30. Artikel: Emmerlinge und Sperlinge bei Winterszeit mit dem Siebe zu fangen, ist den Treschern vergönnt, wenn sie es zur Morgen- oder Abendbrotzeit machen. Jeder Meister, der so einen glücklichen Fang tut, soll von einem Mandel fünf „einbeckeln". Diese bekommen dann auf dem Hauptquartal der Obermeister und der Oberälteste zum Genießen. Verstoßen die Meister dagegen, müssen sie einen Groschen in die Lade einlegen.

31. Artikel: Endlich soll auch einem jeden Trescher nach vollbrachtem Treschen erlaubt sein, Gras zu hauen und Holz zu spällen, wofür er eine Belohnung bekommt.

32. Artikel: Bey der Hauptquartal (Hauptversammlung) soll sich ein jeder Meister und Geselle, nach Handwerksbrauch, ordentlich aufführen und nicht dem „Glase oder Kruge nachlaufen". Darauf muss ein Jungmeister achten, bei Strafe von einem Groschen in die Lade. Sieht der Jungmeister nicht danach, zahlt er den Groschen und der Visitator bekommt einen halben Batzen an Schreibgebühr.

33. Artikel: Und so einer Meister werden will, muss er sich beim Obermeister und Oberältesten melden. Das kostet zwölf halbe Batzen in die Lade. Meister werden kostet je Meister eine Pfennigpfeife, sechs Briefe Tabak und ein halbes Stübigen Bier sowie zwei Groschen und einen Batzen in die Lade. Zum Quartal muss jeder Meister zwei Groschen und jeder Geselle zwei Groschen sechs Pfennige in die Lade geben, der Visitator bekommt vier Pfennige Schreibgebühr.

34. Artikel: Wollen demnach, dass diese neuen Artikel von unsern Zunftmitgliedern unverbrüchlich und -verwerflich gehalten werden. Wie wir solche zu dem Ende noch mal übersehen lassen, zur Urkunde eigenhändig unterschrieben auch mit unserm Zunftsiegel bedrückt. So geschehen zu „Flögels Haussen" im jetzigen Jahr 1809. Klaus Hand Habe Oberältester, Matz Flögels Knöpffel, Marck Roll Sieb, Älteste, Curt Rechen Stiel, Sebastian Wurff Schauffel als Beisitzer und Wendlings Korn Rolle, verordneter Visitator.

*Der Altmeister Werner Wolf (hinten rechts) und die Jungmeister vom Fastnachtsverein.*

*Nach einem Ständchen geben die Einwohner Eier, Wurst oder Geld.*

# XIII. Sangerhausen

## Wahres und Sagenhaftes vom Kobermännchen im Neuen Schloss

Jedes Jahr im September feiert die Stadt Sangerhausen das Kobermännchenfest. Gelegenheit für Steffen Rüdiger, diese legendäre Figur der Stadtgeschichte auferstehen zu lassen und im altertümlichen Gewand als Kobermännchen durch die Straßen zu ziehen.

Mit diesem Fest wird an die Sagengestalt erinnert, die in einer Nische im Treppenaufgang im Neuen Schloss am Markt, dem heutigen Amtsgericht, eingemauert ist. Die etwa 60 Zentimeter große, leicht gebeugt stehende Figur stellt einen bärtigen Mann in gegürtetem Rock, mit langen Schaftstiefeln und Mühlradkragen dar. Am Gürtel trägt er einen geflochtenen Korb mit Deckel, im Volksmund Kober genannt. Wie lange er dort schon steht, ist unbekannt: In den penibel geführten Inventarverzeichnissen des Neuen Schlosses aus den Jahren 1742 und 1746 ist er nicht verzeichnet.

Das zeitweilig von Herzog Christian von Sachsen-Weißenfels als Zweitresidenz genutzte Gebäude wurde von 1616 bis 1622 im Renaissancestil durch den Amtsschösser Caspar Tryller erbaut. Auftraggeber war Kurfürst Johann Georg I. von Sachsen, Architekt der Amtsbaumeister Andreas Schwarz, Werkmeister ein Adam Wetzel. Tryller ließ für den Bau des östlichen Flügels mehrere Gebäude abreißen. Als Westflügel wurde das erst 1586 errichte Haus des Amthauptmanns Hans von Lindenau einbezogen.

Nach einer Sage hat der Teufel dem Tryller das Geld zum Bauen in Gestalt eines Bauern mit einem Kober zugetragen. Zur Erinnerung daran hat Tryller ein steinernes Bild dieses Bauern mit umgehängten Kober anbringen lassen. Eine weitere Sage erzählt, „dass einst ein Bauer aus der Goldenen Aue das Kobermännchen am Ohr zupfte und sprach: ‚Ei, wo will denn der Kober mit dem Männlein hin?‘ Da soll das Männlein

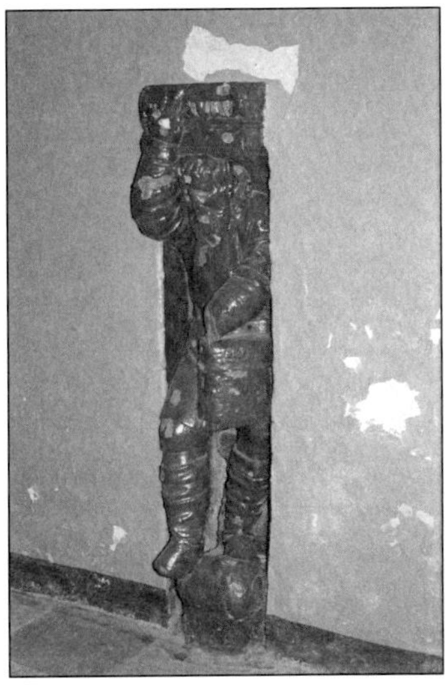

*Das Kobermännchen im Treppenhaus des Neuen Schlosses. Die aus rotem Sandstein gefertigte Figur gibt immer noch Rätsel über ihre Herkunft und Bedeutung auf. Der Kleidung nach stammt sie aus dem frühen Barock.*

plötzlich groß und größer geworden sein und dem Bauern eine so derbe Ohrfeige gegeben haben, dass man das blaue Mal noch lange gesehen habe."

Übrigens: Es gibt sogar noch ein drittes Kobermännchen in Sangerhausen. Auch Gustav Adolf Spengler hat die Sagengestalt nachgearbeitet: Es kann im Flur seines Wohnhauses, Museum Spengler-Haus in der Hospitalstraße 56, betrachtet werden.

## Einen Sparren zuviel oder zuwenig

Am 15. April 1358 wurde das Sangerhäuser Rathaus erstmals urkundlich erwähnt. Damals bekannte Herzog Magnus der Jüngere von Braunschweig, dass er die Bürger von Sangerhausen „nicht mehr beten will um Freiheit ihres Hauses". Die Bete war eine Steuerform. Mit dem Haus war das Rathaus gemeint. Wie dieser erste Bau aussah, ist nicht überliefert. Allgemein waren die Rathäuser in dieser Zeit das Zentrum einer Stadt. Hier versammelten sich die Bürger auch zu geselligen Veranstaltungen, und die durchreisenden Händler boten ihre Waren feil. Von einer Verwaltung wie heute war man damals noch weit entfernt.

Eine weitere Urkunde aus dem Jahre 1365 bestätigt, dass Herzog Magnus dem Rat die Gerichtsbarkeit über das Geschehen in dem unter dem Rathaus liegenden Keller und dem dazugehörigen Gemach übergibt, unter Vorbehalt der hohen Gerichtsbarkeit über Leib und Leben. Diese auf Pergament geschriebene Urkunde befindet sich im Stadtarchiv Sangerhausen.

Vom großen Stadtbrand im April 1431 war auch das Rathaus mit betroffen. Der Wiederaufbau dauerte lange, noch im Jahre 1437 war nicht alles fertiggestellt. Als Baumaterial kamen nach der Chronik von Friedrich Schmidt auch Steine der Augustinerkirche zur Verwendung. Die Sangerhäuser bauten sich ein großzügig bemessenes, dreigeschossiges Gebäude mit einem sehr steilen Dach. Dieses trägt einen kleinen Reiter, in dem früher die Bürger- oder Ratsglocke hing. Jene läutete man, wie im Jahre 1556 erwähnt, immer dann, wenn die Ratspersonen und Bürger auf dem Rathaus erscheinen sollten und die Kirchenglocken wegen der „Marterwoche" nicht genutzt wurden. 1754 wurde das „Bürgerglöckchen" umgegossen. 1942 nahm man sie vom Turm herunter und schmolz sie für Kriegszwecke ein. In dem Knopf unter der Wetterfahne lagen 1904 einige Münzen und verschiedene Schriftstücke. Bei der Dachsanierung 1991 wurde auch der Knopf abgenommen und eine neue Schatulle eingelegt. Das Erdgeschoss bildeten die sogenannten Gewölbe. Diese waren früher vermietet und dienten als Verkaufsräume. Um 1900 standen hier auch zeitweilig die Spritzen der Feuerwehr. Heute sind die Gewölbebögen ausgemauert und im Innern Gasträume eingerichtet.

Im gleichen Geschoss befand sich auch ein Gefängnis, das 1573 erstmals erwähnt wurde. Fenster gab es darin keine, lediglich ein Luftloch. Laut Chronik soll es darin immer sehr schmutzig gewesen sein. Friedrich Schmidt schreibt weiter, dass ein weiterer Raum die sogenannte Pelzstube war, die auch als Arrestlokal diente. Im 17. Jahrhundert wurden darin die kirchlichen Akten verwahrt, die Kirchenrechnungen abgenommen und Verhandlungen geführt. 1823 ließ die Stadt für 119 Taler eine neue Arreststube bauen.

Am 5. November 1604 brach in der Ratsstube nachts ein Brand aus. Das Löschen war gefährlich, da die in dem Raum liegenden geladenen Büchsen explodierten. Das

*Ansicht des alten Sangerhäuser Rathauses von der Marktseite. Deutlich ist der Giebel mit dem springenden Sparrenfeld zu erkennen. Das ist eines der Wahrzeichen von Sangerhausen.*

Feuer vernichtete viele Urkunden und auch das „Handregister der Kämmerer". Deshalb konnten die Stadtväter danach dem Kurfürsten keine Stadtrechnung zuschicken. „Danach ist die Stube steinern gebaut worden", heißt es in der Chronik. Vermutlich entstand auch um diese Zeit der westliche Anbau mit dem ungewöhnlichen Giebel und die Fenstergewände des Haupthauses wurden durch neue aus rotem Sandstein ersetzt. Die Stürze sind als sogenannte Gardinenbögen ausgebildet. Stellenweise kann man noch die älteren, tiefer liegenden Fensteröffnungen erkennen. Die ungewöhnliche Giebelform mit dem vorspringenden Sparrenfeld ist eines der Wahrzeichen von Sangerhausen geworden. So heißt es: Hat das Sangerhäuser Rathaus einen Sparren zuviel oder zuwenig? Nach der Stadtchronik wendet man diesen Spruch in der Stadt auch scherzhaft auf gewisse Leute an. Ein weiteres Wahrzeichen ist der eingemauerte Kopf auf der Nordseite. Über seine Bedeutung gibt es viele Vermutungen, sogar bis hin zum Kopf einer Rolandsstatue. Auffallend ist die tiefe Mundöffnung. Das wiederum hat auch die Theorie eines Fackel- oder Kienspanhalters aufkommen lassen.

Friedrich Schmidt schreibt in seiner Chronik, dass das Rathaus noch im Jahre 1630 als Tanzboden genutzt wurde. 1711 richtete man die „neue Bergstube" ein. Anfang des 18. Jahrhunderts ließen die Rektoren der Sangerhäuser Stadtschule im Rathaus „Schulkomödien" aufführen. „Dieses Komödienspiel wurde auf Anordnung des Herzogs abgehalten", schreibt Schmidt. Das setzte sich später mit Theateraufführungen fort.

1813 richtete die Stadt auf dem Saal und im Keller ein Lazarett für die Verwundeten der Schlacht bei Großbeeren und Jüterbog ein. 1833 zog das Bergamt ein. Am 18. Februar 1835 hielt der Bürgerverein auf dem Saal einen Maskenball ab. Dieser Saal hat nach Schmidt fast die ganze erste Etage eingenommen. „Es mangelte an Geschäftsräumen für die Verwaltung", so Schmidt weiter. Im Jahre 1903 wurden diese in der zweiten Etage eingerichtet. Im Jahre 2009 haben der Oberbürgermeister Fritz-Dieter Kupfernagel und das Hauptamt im alten Rathaus ihre Diensträume. Der größte Teil der städtischen Veraltung befindet sich im neuen Rathaus.

## Wappensteine und frühere Herrschaften

Das Jahr 1656 hatte für Sangerhausen sicher eine große Bedeutung: Nach dem Tod des Kurfürsten Johann Georg I. von Sachsen fielen Amt und Stadt Sangerhausen an seinen Sohn, Herzog August von Sachsen-Weißenfels. Mit diesem Regenten wurde gleichzeitig die Linie Sachsen-Weißenfels gegründet, die nur bis 1746 bestand.

An die Zugehörigkeit zu diesem Herzogtum erinnert eine heute im Innenhof des Neuen Schlosses eine in eine Wand eingesetzte steinerne Wappentafel. Sie zeigt auf dem Herzschild in der Mitte ein Schild mit Querbalken, dessen linke Hälfte mit dem Rautenkranz überzogen ist, das Wappen des Herzogs von Sachsen-Weißenfels. Wann die Tafel dort angebracht wurde, ist nicht bekannt.

Am Haupteingang des Spengler-Museums befindet sich eine weitere, sehr große, ebenfalls aus Stein gefertigte Wappentafel. Ein Schild weist aus, dass sie vom Göpentor stammt. Die gut erhaltenen Abbildungen dieser Tafel haben den Sangerhäuser Steffen Döhring schon oft in den Bann gezogen. Seine Analyse der darauf befindlichen Darstellungen ergibt aber ein anderes Bild als die Beschreibung auf der Erklärungstafel: „Das Herzschild zeigt die gekreuzten roten Schwerter auf schwarz-weiß geteiltem Grund. Damit handelt es sich eindeutig um eines der großen Wappen des Kurfürsten von Sachsen", erklärt Döhring. „Zeitlich ist es vor 1656 angebracht worden, möglicherweise also schon beim Neubau des Stadttores um 1600."

Dieses Tor gehörte zur Stadtbefestigung von Sangerhausen und stand nach der Chronik Friedrich Schmidts im Bereich zwischen der heutigen Volksbank und der Göpenbrücke. Nach seinen Ausführungen wurde es um 1600 erneuert und blieb als letztes der ehemals vier Tore bis zum Jahre 1880 stehen. Danach wurde es abgebrochen und die daran angebrachte Wappentafel dem damaligen Verein für Geschichte und Altertumskunde für Sangerhausen und Umgebung überlassen.

*Diese große Wappentafel am Eingang des Spengler-Museums war ursprünglich am Göpentor angebracht. Sie zeigt das große Wappen des Kurfürsten von Sachsen.*

### Steffen Döhring

Für den Sangerhäuser Steffen Döhring, Diplom-Ingenieur für Städtebau, bedeutet Heimatgeschichte mehr als nur Jahreszahlen und Ereignisse. Schon seit vielen Jahren erforscht er einheimische Familiennamen und legt deren Stammbäume an. So kamen im Laufe der Zeit rund 100 Stammbäume zustande. In der Regel reichen diese bis zum Dreißigjährigen Krieg, einige sogar bis in das 15. Jahrhundert zurück.

In fast allen Pfarrämtern und Archiven der Goldenen Aue und des Südharzes kennt sich Steffen Döhring bestens aus. Ständig gibt es für den stellvertretenden Vorsitzenden des Heimat- und Geschichtsvereins Goldene Aue e.V. in seiner Freizeit etwas Neues zu entdecken. Dazu zählen auch die Wappenschilder an den Patronatslogen der Kirchen und an vielen Gebäuden. Sie werden je nach Zustand gezeichnet oder fotografiert.

Döhring legt viel Wert auf die Veröffentlichung seiner Arbeiten. So steht er mit den Mitgliedern der Arbeitsgemeinschaften Mitteldeutsche Familienforschung und Genealogie Thüringen in engem Kontakt.

### Die Sangerhäuser Bachbriefe

Für rund ein Jahr beherbergte die Stadt Sangerhausen einen der Söhne des berühmten Komponisten Johann Sebastian Bach in ihren Mauern. Johann Gottfried Bernhard Bach war hier als Organist angestellt und hatte sein Quartier am Kornmarkt beim damaligen Bürgermeister Johann Friedrich Klemm bezogen.

Im Stadtarchiv befinden sich die Abschriften bzw. ein Faksimiledruck von vier Briefen seines Vaters. Jene enthalten keinen musikalischen Inhalt, sondern behandeln Familienangelegenheiten. Mit zwei Schreiben, vom 30. Oktober 1736 und vom 18. November 1736, an Bürgermeister Klemm empfahl Johann Sebastian Bach seinen Sohn Johann Gottfried Bernhard als Organisten nach Sangerhausen. Viel Glück hatte die Sankt-Jacobi-Gemeinde mit ihrem neuen Organisten nicht: Johann Gottfried Bernhard Bach verließ die Stadt im Frühjahr 1738 mit unbekanntem Ziel und Schulden bei seinen Wirtsleuten.

In einem Brief vom 24. Mai 1738 gab sein Vater an, dass auch er nicht den Aufenthaltsort seines „leider missratenen Sohnes" kenne. Am 26. Mai 1738 teilte er Frau Klemm mit, dass er erst dann „wegen der Schuldforderungen handelt, wenn er seinen Sohn dazu gesprochen hat". Ob es zur Begleichung kam, ist nicht bekannt.

Die Briefe gelangten in den Bestand des Stadtarchivs. Hier wurden sie im Jahre 1902 wiederentdeckt und der Pianofortefabrikant Bornkessel bot dafür 25 Mark. Der Preis änderte sich nach Bekanntwerden schlagartig. So bot das Antiquariat Stargardt aus Berlin am 25. Juli bereits 3.000 Mark. Die Stadt Sangerhausen war sichtlich an einem Verkauf interessiert und fragte beim Königlichen Regierungspräsidenten in Merseburg um Genehmigung an. Jener versagte am 29. November die Zustimmung mit der Begründung: „Sie (die Briefe, Anm. d. Autors) sind eine so kostbare Erinnerung an den großen Tonkünstler. Wenn sie nicht einer öffentlichen Bachsammlung, die der geeignetste und ihrer würdigste Ort wäre, übergeben werden können, so dürften sie in der Ephoralbibliothek bei St. Ulrich in Sangerhausen eine bleibende Stätte ihrer Aufbewahrung finden."

Die Königliche Bibliothek in Berlin bekundete am 18. April 1903 Interesse an diesen vier Briefen, sie sollten Bestandteil einer öffentlichen „Bach-Sammlung" werden. Den Wert schätzte sie auf 600 bis 700 Mark. Die Briefe wurden dazu auf dem Postweg nach Berlin geschickt. Im Dezember 1911 bat die Neue Bachgesellschaft in Leipzig um Abschriften für das Bachmuseum Eisenach. 1914 fragte das Antiquariat Stargardt erneut wegen eines der Briefe an, „man sei in der Lage, dafür einen guten Preis zu zahlen". Da bot die Preußische Staatsbibliothek am 25. Juni 1919 3.000 Mark. Der Magistrat der Stadt Sangerhausen stimmte am 15. Juli einem Verkauf zu, den am 9. August auch der Regierungspräsident genehmigte. Am 1. September 1919 bestätigte die Preußische Staatsbibliothek zu Berlin den Eingang der vier Briefe. In Sangerhausen verblieben Abschriften. Im Jahre 1962 kam der oben erwähnte Faksimiledruck des Briefes vom 24. Mai 1738 dazu.

Pfarrerin Margot Runge hat noch eine weitere Spur Bachs in Sangerhausen entdeckt: Am 29. März 1737 stand der Organist Johann Gottfried Bernhard Bach bei Friderica Elisabetha Tiggler, der Tochter eines Musketiers, Pate.

*Bei Familie Johann Friedrich Klemm, heute Kornmarkt 3, hatte der Organist und „missratene Sohn" Johann Sebastian Bachs, Johann Gottfried Bernhard Bach, für ein knappes Jahr sein Quartier bezogen.*

## Der 66. Psalm

„Wir sind in Feuer und Wasser geraten", zitiert die ehemalige Kreiskantorin Hanne-Lore Friedrich den 66. Psalm, der nach alter Tradition am Sonntag Jubilate gebetet wird. Die Aussage des Psalms wurde erschreckende Wirklichkeit, als am Sonntag Jubilate 1971, dem 2. Mai, der Dachstuhl der Sankt-Jacobi-Kirche am Markt in Sangerhausen brannte.

Gegen sieben Uhr morgens heulten die Sirenen der Stadt. Passanten hatten das Feuer im Dachstuhl über dem Altarraum bemerkt und die Feuerwehr alarmiert.

Die Sangerhäuser Feuerwehr rückte mit drei Fahrzeugen an, später kam die Kommandofeuerwehr aus Eisleben mit der 30-Meter-Drehleiter dazu. Insgesamt waren 25 Feuerwehrleute im Einsatz. „Es war eine schwierige Sache", erinnert sich der damalige Wehrleiter Horst Härtel. „Es gab nur einen Dachzugang über den Turm." Der stellvertretende Wehrleiter Hilmar Friedrich war der einzige Feuerwehrmann, der sich im Gebäude richtig auskannte. Starker Ostwind trieb den Rauch im Kirchenschiff in Richtung Turm. Der Dachboden konnte nicht ohne Weiteres betreten werden: Die Brandbekämpfer mussten auf den Balken balancieren. Erst als das Dach durchgebrannt war, machte der Löschangriff von außen Sinn. „Wir mussten verhindern, dass der Brand bis zum Turm vordringt", sagt Härtel. „Wir wussten, wenn das passiert, ist die Kirche verloren."

Während der Löscharbeiten gab es einen Unfall: Ein Balken fiel auf den Feuerwehrmann Dieter Holzapfel. Da man eine Wirbelsäulenverletzung vermutete, wurde er auf einer Bohle die enge Turmtreppe hinabtransportiert. „Auch der Saniwagen musste

*Die Sankt-Jacobi-Kirche in Sangerhausen.*

*Am 2. Mai 1971 brannte der Dachstuhl der Sankt-Jacobi-Kirche auf dem Sangerhäuser Marktplatz.*

während der Fahrt durch die Länge der Bohle offen gelassen werden", erinnert sich Horst Härtel.

Während sich die Feuerwehrleute im Dachstuhl an den Brandherd vorkämpften, versuchten Superintendent Dr. Blieffert, Pfarrer Schultz, Pfarrer Hillberg und einige Gemeindeglieder, Wertvolles aus der Kirche zu retten. Die Hildebrandtorgel wurde mit Planen abgedeckt, die man von der Reichsbahn organisiert hatte. Auch das war hauptsächlich ein Verdienst des inzwischen verstorbenen Hilmar Friedrich.

„Unter den geretteten Sachen waren die Instrumente und Noten, die bereits für die Aufführung des Händel-Oratoriums ‚Der Messias' bereitstanden", berichtet Hanne-Lore Friedrich. Sie selbst erfuhr an der Bushaltestelle, dass die Kirche brannte. Nun war die Frage, was aus dem seit langem vorbereiteten Konzert werden würde? Es fand am selben Nachmittag in der katholischen Herz-Jesu-Kirche statt. Als Brandursache wurde Folgendes ermittelt: Über dem Heizungsschornstein befand sich eine offene Dachluke. Beim Anheizen war brennende Holzwolle aus dem Schornstein geflogen und hatte, begünstigt durch den Wind, den Dachstuhl über dem Altarraum entzündet.

Es dauerte einige Jahre, bis die Kirche wieder voll nutzbar war. Der erste Gottesdienst fand am 1. April 1973 zur Einführung des Pfarrers Gottfried Keller, nach der Vollendung des ersten Bauabschnittes, im Chorraum statt.

## Hetze gegen jüdische Geschäftsleute

In den letzten Märztagen des Jahres 1933 riefen der „Allgemeine Roßlaer Anzeiger" und die „Sangerhäuser Zeitung" mit großen Berichten auf der ersten Seite zum „Boykott der Juden" auf. Führungskräfte der damaligen NSDAP planten am Sonnabend, dem

*Die Stadtführerin Ilse Schneider (Mitte) hat in den vergangenen Jahren intensiv nach den ehemaligen jüdischen Geschäften in der Stadt Sangerhausen geforscht. Hier ist sie bei einer Führung in der Altstadt vor der Gedenktafel am Rathaus zu sehen.*

1. April, um 10 Uhr vormittags flächendeckend in ganz Deutschland vor allen Geschäften jüdischer Inhaber Posten aufzustellen. Die eingesetzten SA- oder SS-Angehörigen sollten die Kundschaft abhalten.

In Sangerhausen verlegte man die Aktion sogar um einen Tag vor, auf den Freitag (31. März) um 11 Uhr. So berichtete die „Sangerhäuser Zeitung" bereits in ihrer Ausgabe vom selben Tage, „dass an diesem Tag Abteilungen der SA und SS die hiesigen jüdischen Ladengeschäfte besetzt und die Geschäftsinhaber zur Schließung ihrer Betriebe aufgefordert haben". Die Doppelposten wiesen die Personen, die die Geschäfte betreten wollten auf die aus „staatspolitischen Gründen erfolgte Schließung" hin und forderten sie „zur Unterstützung deutscher Geschäftsleute auf". Warum man der Aktion schon einen Tag vorgegriffen hatte, ist nicht bekannt. Auch nicht, ob es sich bei den Posten um Sangerhäuser handelte. In dem Pressebericht heißt es weiter, dass die Geschäftsinhaber „dieser Aufforderung Folge geleistet haben". An die Schaufenster klebte man Plakate mit der Aufschrift: „Geschlossen, solange die jüdische Auslandshetze anhält". Die Scheiben wurden vorher „übertüncht". Am nächsten Tag meldete die „Sangerhäuser Zeitung", „dass sich keinerlei Zwischenfälle ereignet haben".

Welche Geschäfte in Sangerhausen davon betroffen waren, ist nicht überliefert. Die Stadtführerin Ilse Schneider forscht seit geraumer Zeit nach Hinweisen auf ehemalige jüdische Geschäftsinhaber in der Stadt. „Es gibt eigentlich kaum Unterlagen darüber", erklärt sie. „Vieles kann man nur Bildern und Annoncen in den Zeitungen entnehmen oder auch mündlichen Erinnerungen." Dennoch hat sie einiges zusammengetragen. So gab es in der Göpenstraße 1 einen Laden mit Handarbeitsartikeln von Robert Oppenheimer und in der Göpenstraße 13 ein Möbelgeschäft der Familie Neuman. „Familie Neumann hatte zwei Töchter und verließ Mitte der 1930er-Jahre die Stadt", berichtet

Ilse Schneider. In der Göpenstraße 17 hatte Moritz Loewe (Oberloewe) ein großes Schuhgeschäft, dass sich zuvor im Rathaus befunden hatte. Moritz Loewe gab seinen Besitz im Juni 1933 auf und wanderte mit der Ehefrau und den Töchtern nach Palästina aus. Das heutige Geschäftshaus ist ein Neubau nach 1990. Ein Paul Loewe (Unterloewe) hatte in der Göpenstraße 31 ein Geschäft für Arbeitsbekleidung und Schuhe. „Eine seiner Töchter war Frieda Loewe, die nach dem Krieg als Lehrerin arbeitete. Von 1953 bis 1963 war sie die Leiterin der Geschwister-Scholl-Oberschule in Sangerhausen. Im Jahre 1953 wurde sie als ‚Verdiente Lehrerin des Volkes' geehrt", weiß Frau Schneider zu berichten.

Im Grundstück Göpenstraße 34, wo heute ein Neubau steht, führte Sally Rothstein ein Spezialgeschäft für feinste Herren- und Damenbekleidung. „Er gab seinen Besitz im November 1933 auf", konnte Ilse Schneider ermitteln.

In der Hüttenstraße 26 führte der Viehhändler Otto Fleischmann ein Geschäft. Im Jahre 1938 meldete die Stadt Sangerhausen, dass es keine „jüdischen Gewerbebetriebe" in der Stadt gibt. Der Viehhändler Fleischmann hatte seinen Betrieb am 1. Februar 1938 abgemeldet. Er wurde von einem Karl Schüler weitergeführt. Jener sollte auf Anweisung des Bürgermeisters in „geeigneter Weise überwacht werden, ob beide in Verbindung stehen". 1942 wurden Otto Fleischmann, Matthias Meyerstein und Paul Hampel aus Sangerhausen deportiert. „Erhard Meyerstein wurde 1939 oder 1940 nach Theresienstadt verschleppt", so Ilse Schneider weiter. „Er überlebte und kehrte nach dem Krieg nach Sangerhausen zurück." An die jüdischen Mitbürger in Sangerhausen erinnert heute eine Gedenktafel, die am 7. Mai 1995 am Rathaus angebracht wurde.

## Sparkassengeschichten *von Sebastian Kegel*

Die Sparkasse Mansfeld-Südharz blickt im Jahre 2009 auf eine über 166-jährige wechselvolle Geschichte zurück. Ihre ältesten Vorgängerinstitute sind die Stadtsparkassen in Eisleben, Sangerhausen und Allstedt. In der Stadt Sangerhausen selbst besteht seit dem Jahr 1847 eine öffentliche Sparkasse. 1840 gab der Oberpräsident der Provinz Sachsen auch in Sangerhausen die Anregung zu deren Errichtung. Die Stadtverordneten hielten es ein Jahr später allerdings lediglich „für wünschenswert", eine Sparkasse für den Ort zu gründen und beließen es bis 1845 bei dieser Feststellung. Erst in diesem Jahr wurde die Sparkassengründung erneut angeregt und im August erklärte sich auch der Magistrat damit einverstanden, sodass wiederum mehr als ein Jahr später der vorliegende Statutentwurf vom Oberpräsidenten bestätigt wurde.

Ihre Geschäfte nahm die Stadtsparkasse Sangerhausen unter ihrem ersten Rendanten, dem Konditor und Stadtverordneten Paul Fischer, am 1. Januar 1847 im Geschäftslokal in dessen Privatwohnung auf. Der Sangerhäuser Chronist Friedrich Schmidt berichtet hierzu in seinem Werk „Die Geschichte der Stadt Sangerhausen" aus dem Jahr 1906: „Große Erleichterung beim Geldleihen und -verleihen brachte erst die Errichtung der hiesigen städtischen Sparkasse 1847." Obwohl die Rahmenbedingungen in der damaligen Zeit für eine Sparkassengründung nicht besonders günstig erschienen, verlief die Entwicklung der Stadtsparkasse relativ stetig. Ihre Überschüsse trugen zur günstigen Finanzlage der Stadt Sangerhausen bei. 1879 wurde erstmalig über die Errichtung einer Sparkasse für den Kreis Sangerhausen nachgedacht. Der Kreissauschuss verwarf

*In dem Gebäude An der Trillerei 3 wurde am 1. Juli 1888 die Kreissparkasse Sangerhausen eröffnet.*

allerdings diesen Vorschlag, da nach dessen Auffassung durch die bereits im Kreisgebiet bestehenden Sparkassen ausreichend Gelegenheit zur Anlage von Ersparnissen bestand. Erst sieben Jahre später, 1886, wurde das Thema erneut geprüft. Bereits ein Jahr später kam eine Vorlage für den Kreistag zu Stande, die 1887 mit 20 von 27 Stimmen von diesem angenommen wurde. Am 31. März 1888 wurde dann schließlich auf einer außerordentlichen Sitzung des Kreissausschusses beschlossen, „die Eröffnung der Kreis-Sparkasse 1888 in Aussicht zu nehmen". Zum ersten Rendanten wählte der Kreistag den Kassenkontrolleur und Kalkulator Karl Richter aus Eisleben, der die Kreis-Sparkasse am 1. Juli 1888 im „Doetinchemschen Hause an der Tryllerei" eröffnete. Minna von Doetinchem belegte das erste Sparkonto mit einer Einzahlung in Höhe von 60 Mark. Der erste Geschäftsmonat schloss bereits mit einem Einlagenbestand von 17.979 Mark, das erste Halbjahr mit 99.841 Mark.

Zu den wichtigsten Einrichtungen der Kreissparkasse Sangerhausen zählten die in den verschiedenen Städten und Gemeinden des Kreises gegründeten Nebenstellen. Um der Bevölkerung das Sparen so bequem wie möglich zu machen, waren seit Gründung der Kreissparkasse in vielen Orten Neben- oder Annahmestellen eingerichtet worden. 1889 gab es 52 solcher „Miniatursparkassen". Als „Sparannehmer" fungierten zuverlässige Personen, die das Vertrauen ihrer Mitbürger genossen. Sie durften Einlagen bis zu einer Höhe von 1.000 Mark je Geschäftsvorfall annehmen. Die entgegengenommenen Gelder führten sie halbmonatlich an die Hauptkasse ab. Anfangs führten die Sparannehmer ihre Arbeit ehrenamtlich aus. Als sich der Geschäftsbetrieb jedoch ausdehnte, erhielten sie ab 1891 neben der Erstattung der Portoauslagen auch ein Viertel Prozent der durch sie eingenommenen Einlagen. Die Kreissparkasse nahm auch aufgrund dieser Bürgernähe, allen Befürchtungen zum Trotz, eine äußerst positive und schnelle Entwicklung. Diese ging mit einem stark steigenden Kundenverkehr einher, sodass schon 1894 die vorhandenen Räume zum ersten Mal erweitert werden mussten. Ab 1898 war die Kreissparkasse im Kreishaus, später in einem eigenen Anbau am Westflügel des Kreishauses untergebracht. Seit 1932 besitzt die Sparkasse ein eigenes Verwaltungsgebäude, das unmittelbar neben dem Kreishaus entstand

Am 1. Juli 1936 übernahm die Kreissparkasse die Stadtsparkasse Sangerhausen. Aus dem früheren Nebeneinander und dem nicht immer vermeidbaren Wettbewerb zweier in ihren Aufgaben gleichartiger Institute entstand eine kraftvolle und in ihrer Bedeutung für das Kreisgebiet gewaltige Sparkasseneinheit. Sie ermöglichte in Sangerhausen eine über viele Jahrzehnte hinweg einheitliche und zielsichere Sparkassentätigkeit. Genau 72 Jahre später fusionierten die Kreissparkasse Sangerhausen und die Sparkasse Mansfelder Land im Nachgang zur Kreisgebietsreform. Die Sparkasse Mansfeld-Südharz, wie sie seit dem 1. Juli 2008 heißt, ist stolz auf ihre Tradition und aus ihrer Geschichte heraus tief im neuen Landkreis verwurzelt. Die Sparkasse fördert und finanziert die mittelständische Wirtschaft vor Ort und nimmt so maßgeblichen Anteil an der wirtschaftlichen Entwicklung der Region. Sie bietet individuelle Geldanlage- und Finanzierungsmöglichkeiten für jeden Bürger und unterstützt als lokaler Partner aktiv das öffentliche Leben. Die Sparkasse Mansfeld-Südharz ist daher ein fester, nicht wegzudenkender Bestandteil der Region.

*Von 1932 bis zur Fusion mit der Sparkasse Mansfelder Land zur Sparkasse Mansfeld-Südharz am 1. Juli 2008 hatte die Kreissparkasse Sangerhausen ihren Sitz in der Hüttenstraße 18.*

## Im Zeichen der Rose

Am 1. und 2. Juli 1933 fand in der Stadt Sangerhausen anlässlich des 30-jährigen Bestehens des Rosariums zum ersten Mal ein Rosenfest mit großem Rosenumzug statt. Organisiert wurde das „Rosen- und Heimatfest“ vom damaligen Verkehrsausschuss und dem ansässigen Verschönerungsverein. Die Leitung hatte man dem Ehrenbürger von Sangerhausen, Professor Ewald Gnau, übertragen. Es gab eine Festschrift und ein Festabzeichen für 50 beziehungsweise 20 Pfennige zu kaufen. Die feierliche Eröffnung fand am Samstagabend, dem 1. Juli, im Schützenhaus statt. Der Sonntag begann um sieben Uhr morgens mit dem Choralblasen vom Turm der Sankt-Jacobi-Kirche. Dem folgte eine Morgenandacht. 14.15 Uhr startete der große Festzug durch die Straßen der Stadt. Laut Festschrift nahmen über 3.000 Personen in 108 Gruppen an diesem Umzug teil. Dabei wurden unter anderem viele historische Themen dargestellt, wie bspw. die ersten Menschen in der Region und die Entwicklung des Handwerks. Am Abend fand im Schützenhaus und im Hotel „Preußischer Hof“ die Schlussfeier statt.

„Ein Jahr später gab es in Sangerhausen erneut ein Rosenfest, das ‚Fest der 400.000 Rosen‘, erklärt Monika Frohriep vom städtischen Spengler-Museum. Sie hatte sich in Vorbereitung einer Ausstellung zur 100-Jahr-Feier des Rosariums ausführlich mit der Geschichte der Rosenfeste und ihrer Umzüge befasst. Der Umzug war kleiner und ebenso wie die ganze Veranstaltung deutlich von der politischen Entwicklung im damaligen Deutschen Reich geprägt.

*Im Jahre 1933, zum 30. Geburtstag des Rosariums, fand zum ersten Mal ein Rosenfestzug statt. Die Leitung hatten der damalige Verkehrsausschuss und der Verschönerungsverein übernommen.*

Im Jahre 1953, zum nunmehr 50-jährigen Bestehen des Rosariums, fand das erste Rosenfest nach dem Ende des Zweiten Weltkrieges statt. Organisator war der Stadtrat Franz Frey. Für sämtliche Veranstaltungen musste er die Genehmigung der Kommandantur der Roten Armee einholen. Die Eröffnung war am 2. Juli in der damaligen HO-Gaststätte „Neue Welt". Am 3. Juli fand die Einweihung der neuen Freilichtbühne im Rosarium statt. Das Theater Nordhausen führte dazu die Oper „Martha" auf. Am folgenden Sonntag fand ein großer Sternmarsch in der Stadt statt. Vom Thomas-Münzer-Schacht, der Maschinenfabrik, aus der Westsiedlung und vom damaligen Volkspolizeikreisamt aus marschierten vier große Gruppen mit Musikkapellen durch die Straßen der Stadt zum Markt. „Nach der Großkundgebung schloss sich der Festzug an, welcher mit fünf Wagen ziemlich kläglich ausfiel", resümiert Monika Frohriep. Gleichzeitig organisierten die Veranstalter ein großes Sportfest, darunter ein Radrennen „Rund um den Kyffhäuser" und eine Schnittrosenschau in der Erweiterten Oberschule „Geschwister Scholl".

Ein Jahr später gab es erneut einen Rosenfestzug. Diesmal hatten die Stadtväter den Sangerhäuser Kunstmaler Wilhelm Schmied mit der Oberleitung beauftragt. Mit 62 Festwagen gestalteten viele hundert Teilnehmer einen schönen historischen Umzug, mit Bildern vom Mittelalter bis in die Gegenwart hinein. Die HO hatte ihren Wagen als einen großen Präsentkorb aus Rosen dargestellt, im Wagen der Stadtverwaltung fuhr die Rosenkönigin. Die Lederwarenfabrik zeigte eine riesige Aktentasche, die Stolberger führten als Wahrzeichen das Josephskreuz mit sich. „Viel bejubelt wurde das Kober-

*Bild mit der Erdkugel zum Rosenumzug 1954. Die Oberleitung hatte man dem Kunstmaler Wilhelm Schmied übertragen.*

männchen“, schrieb die damalige Tageszeitung „Freiheit“. 8.000 Zuschauer kamen allein am Sonntagnachmittag zu den Kulturveranstaltungen ins Rosarium.

Das Rosenfest blieb zusammen mit dem Tag des Bergmanns bis 1957 ein fester Termin im jährlichen Veranstaltungskalender der Stadt. Im Jahre 1976 begannen die Berg- und Rosenfeste. Zum 75. Geburtstag im Jahre 1978 startete man einen großen unbezahlten Arbeitseinsatz im Rosarium. Jeder Bürger bekam für seinen Einsatz ein Tombola-Los. Der Hauptpreis war ein Kleinschweißtrafo. Einen Festumzug gab es nicht.

Das Fest überstand auch die politische Wende ohne große Veränderungen. Seit 1991 gibt es wieder eine Rosenkönigin mit zweijähriger Amtszeit. Erst 1999, nach 45 Jahren Unterbrechung, fand wieder ein Festzug statt. Tausende Zuschauer an den Straßenrändern jubelten den Mitwirkenden zu. Schon zwei Jahre später folgte der nächste Umzug, und dieser Rhythmus wurde bisher beibehalten.

Im Jahre 2003 bestimmte der 100. Geburtstag des Europa-Rosariums das Berg- und Rosenfest und den großen Festzug. Die Organisation lag in den Händen der Rosenstadt-GmbH. Im Jahre 2007 lautete das Motto des 5. Sangerhäuser Festumzuges, der ja eigentlich schon der neunte war: „Sangerhäuser Geschichten – Königreich der Rosen, Kupfer und Reformen“. Er war der schönste und größte, den Sangerhausen bisher gesehen hat. In 95 Bildern und dank vieler hunderter Mitwirkender konnte man das heutige Sangerhausen erleben.

# Die Heimat entdecken!

Von Kiel bis Wien,
von Aachen bis Görlitz:
Entdecken Sie Alltagsgeschichten
aus Ihrer Heimatstadt!

# Leben in der Großstadt …

Tauchen Sie ein in das quirlige Großstadtleben vergangener Tage. Spazieren Sie über breite Boulevards und stürzen Sie sich ins Nachtleben. Erkunden Sie ihre Stadt durch die Fensterscheiben einer Straßenbahn oder des ersten Käfers und bewundern Sie prächtig geschmückte Schaufenster.

# Erinnerungen an die Schulzeit ...

Erinnern Sie sich noch an die Zeiten von Abakus und Schiefertafel, an Klassenausflüge oder den ersten Taschenrechner? Blicken Sie zurück auf große Klassen und gestrenge Schulmeister, entdecken Sie auf Klassenfotos Freunde und Bekannte von früher!

# … und das Arbeitsleben

Entdecken Sie, wie sich das Arbeitsleben in den letzten hundert Jahren verändert hat. Werfen Sie einen Blick in Fabrikhallen, blicken Sie Handwerksmeistern bei ihrer Arbeit über die Schulter und erinnern Sie sich an den Einkauf im Tante-Emma-Laden.

# Gesellige Stunden im Verein …

Fußballclub und Schützenverein, Musikkapelle und Gesellenverein: Schauen Sie zurück auf Volksfeste und Turniere, Chorproben oder Prunksitzungen. Erinnern Sie sich an schöne Stunden und das gesellschaftliche Leben in Ihrer Heimat.

MIX
Papier | Fördert gute Waldnutzung
FSC® C083411

Zeitfracht Medien GmbH
Ferdinand-Jühlke-Straße 7
99095 Erfurt, Deutschland
produktsicherheit@kolibri360.de

Druck:
CPI Druckdienstleistungen GmbH
im Auftrag der
Zeitfracht Medien GmbH
Ein Unternehmen der Zeitfracht - Gruppe
Ferdinand-Jühlke-Str. 7
99095 Erfurt